Nur ein paar Stündchen

*Nix wie raus, ganz schnell ins Grüne.
Auch mit wenig Zeit lässt sich Großartiges
erleben. Kleine und große Abenteuer
warten direkt vor der Haustür.*

4 H

Raus für einen Tag

*Man muss nicht das Land verlassen, um
neue Welten zu entdecken. Einfach mal
einen Tag lang raus aus dem Alltagsallerlei
und rein in die Natur.*

12 H

Ferien für ein Wochenende

*Warum auf die große Auszeit warten, wenn
man einen Wochenendtrip in der Nähe
machen kann? Vergnügen, Abenteuer und
Wohlgefühl kompakt und intensiv.*

36 H

Abenteuer ESKAPADEN

AUSZEIT · AUSGLEICH

Wochenende · LÄCHELN

STADT. LAND. FLUSS.

FREE · LEICHTIGKEIT

ERLEBEN

GRÜN · kleine Fluchten

Wege · Lebensfreude · NATUR

GLÜCK · von Christine Röhling und Michelle Tief

ABSTECHER
AB SEITE 8

AUSFLÜGE
AB SEITE 90

MINIURLAUB
AB SEITE 172

LIEBE LESERIN, LIEBER LESER,

das Land der offenen Fernen! Was bedeutet das? Unbezahlbare Ausblicke von den vielen unbewaldeten Kuppen der Rhön, die von faszinierender Flora und Fauna umrahmt werden. Markante Gipfel wie Wasserkuppe oder Kreuzberg werden weithin sichtbar. Unbeschreibliche Landschaften, ergänzt durch urige Städtchen, traditionelles Handwerk und Rhöner Leckereien.

Bayern, Hessen, Thüringen: In der Rhön verschwimmen Grenzen. Es gibt so viel zu entdecken: Moore, Gipfel, Basaltformationen, Seen und Genusswelten in Bier, Schnaps und Wein – ein Leben reicht dafür vielleicht nicht aus. Sie will erkundet werden, egal wann, egal wie lang. Wer einmal da war, kommt immer wieder ...

Viele wunderbare Eskapaden in der Rhön wünschen Ihnen, dir und euch

Christine Rollcig   Michelle Tief

PS: Informationen zum GPX-Download gibt's auf Seite 224.

AUSZEIT. ABENTEUER.
LEBENSFREUDE.

1. KAPITEL
ABSTECHER

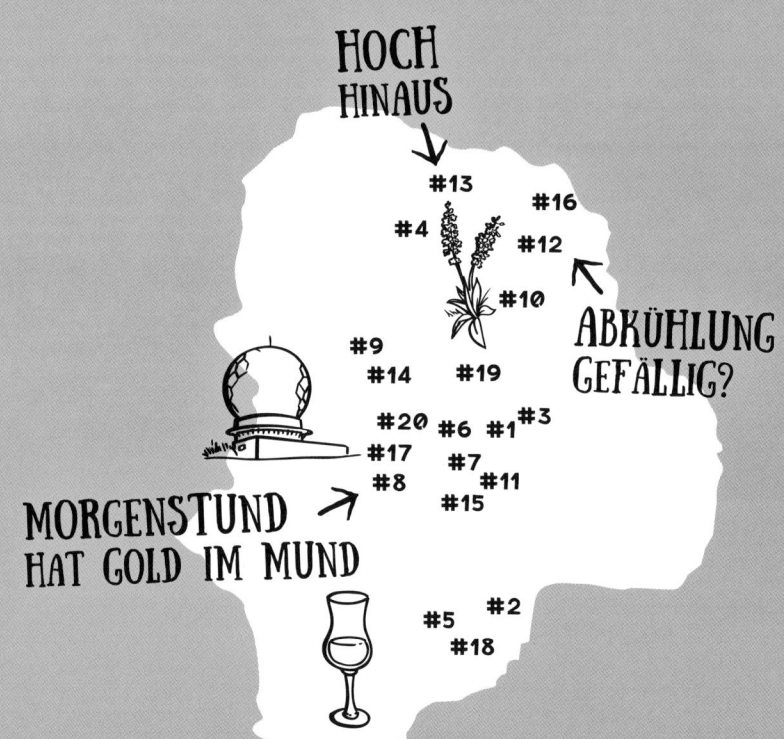

HOCH
HINAUS

#13

#16

#4

#12

#10

#9

#14

#19

ABKÜHLUNG
GEFÄLLIG?

#20

#6

#1

#3

#17

#7

#8

#11

#15

MORGENSTUND
HAT GOLD IM MUND

#5

#2

#18

Nur ein paar Stündchen

Berge erklimmen, mit dem Tretboot den See unsicher machen oder den funkelnden Sternenhimmel betrachten – die kleine Auszeit ist ganz nah.

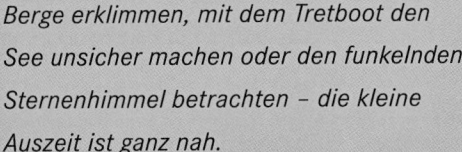

#1	... durch den Eisgraben	Seite 10
#2	... in Münnerstadt	Seite 14
#3	... durchs Streutal	Seite 18
#4	... ab Geisa-Borsch	Seite 22
#5	... auf dem Salzweg durch Bad Kissingen	Seite 26
#6	... auf dem Schafstein	Seite 30
#7	... im Naturschutzgebiet Kesselrain	Seite 34
#8	... auf dem Wachtküppel	Seite 38
#9	... in Hofbieber	Seite 42
#10	... in der Wiesenthaler Schweiz	Seite 46
#11	... auf dem Gangolfsberg	Seite 50
#12	... im Schönsee bei Urnshausen	Seite 54
#13	... hinauf zum Oechsenberg	Seite 58
#14	... auf die Milseburg	Seite 62
#15	... am Rothsee	Seite 66
#16	... in Immelborn	Seite 70
#17	... in Poppenhausen	Seite 74
#18	... zur Ruine von Burg Botenlauben	Seite 78
#19	... auf dem Ellenbogen	Seite 82
#20	... im Sternenpark Rhön	Seite 86

IDYLLISCHE AUSZEIT

—≷ ... durch den Eisgraben im Biosphärenreservat ≶—

Im Eisgraben in der Langen Rhön kann die Natur noch schalten und walten, wie es ihr beliebt. Hier fallen die Talwände steil, stellenweise bis zu zehn Meter tief ab. Mittendrin schlängelt sich der Aschelbach, der während der Schneeschmelze im Frühjahr zu einem reißenden Wildbach werden kann.

#Naturpur #Wasserfall #SagenundLegenden #Kernzone

Bereits im Jahr 1991 ernannte die UNESCO die Rhön zum Biosphärenreservat.

Los geht es am Wanderparkplatz Schwarzes Moor, der Beschilderung des Rundwanderwegs 5 zum Wasserfall Eisgraben folgend. Zunächst muss man zweimal die Straße überqueren und sich dann in die Arme der Fichtenwälder begeben. Immer wieder werden die Trampelpfade etwas matschig, eine kleine Brücke und Bohlenwege machen den Weg jederzeit begehbar. Das hat etwas Abenteuerliches an sich. Da das Gebiet eine Kernzone ist, darf die Natur hier so sein, wie sie will. Deshalb ist es auch sehr wichtig, stets nur auf den ausgewiesenen und vorgegebenen Wegen zu bleiben und trittsicher sowie aufmerksam zu gehen. Da kann schon einmal eine Wurzel oder ein Stein im Weg liegen oder der

Damit der Weg ganzjährig begehbar bleibt, helfen Brücken und Bohlenwege Bachläufe, Flüsse und besonders matschige Passagen zu überqueren.

Boden rutschig sein. Nach knapp zwei Kilometern wird der Wasserfall Eisgraben erreicht. Hier laden Bänke zu einer kurzen Pause ein. In der Nähe grasen Rhönschafe, die mit ihrem schwarzen Kopf charakteristisch für das Mittelgebirge sind.

Weiter geht es – mit Bedacht – über Wiesenwege, vorbei an wunderbar blühenden Wiesen, eine wenig befahrene Straße hinab und wieder hinein in die Fichtenwälder. Man trifft nun auch wieder den Verlauf des Bachs, dem der weitere Weg folgt. Hier fasziniert vor allem die Ursprünglichkeit der Natur, die durch die Kernzone erhalten bleibt. So überwindet man nicht nur kleinere Hindernisse, wie umgefallene Bäume. Aufmerksame Spaziergänger entdecken zudem auch außergewöhnliche Flora sowie alte Zeugen der Vergangenheit,

Aufmerksamkeit lohnt sich: Auf dem Weg durch die Kernzone gibt es viele faszinierende Pflanzen, Tiere und Details zu entdecken.

etwa einen Lüftungsstollen, Jägerhütten oder die sogenannte Frauenhöhle. Letztere ist eine kleine natürliche Höhle im Basaltgestein.

Hier hinein soll sich der Sage nach das Fräulein von Hillenberg mit ihren Jungfern geflüchtet haben, um marodierenden Soldaten zu entkommen. Auch die »Schöpfung« des Eisgrabens beruht auf einer Sage: Bei einem extremen Unwetter mit sintflutartigen Regenfällen im Jahr 1834 soll der Graben entstanden sein. Seinen Namen verdankt er aber der kalten Luft, die aus dem Schwarzen Moor durch das Tal strömt und bis weit ins Frühjahr hinein für Frost sorgt.

Von der Frauenhöhle aus führt der Rundweg Nummer 5 weiterhin am Aschelbach entlang und gibt die Möglichkeit, den Wasserlauf aus den unterschiedlichsten Perspektiven zu bestaunen. Nicht selten trifft man unterwegs auf eine Schwarze Wegschnecke, hört das Flügelschlagen eines Raubvogels, der sein Revier durchfliegt, und wird sich plötzlich bewusst: Man ist Teil eines großen Ganzen, von etwas Wunderbarem, der Natur. Vor allem aber nur Gast.

Vorbei an der Eisgraben-Hütte, die leider nicht bewirtet ist, geht es wieder auf die Lichtung, die zum Wasserfall führt. Stattdessen schlägt man aber den Rückweg über Stock und Stein durch die Fichtenwälder, über Brücken und Bohlenwege ein, die wieder zurück zum Wanderparkplatz am Schwarzen Moor führen.

FAZIT: LUST AUF EINE KURZWEILIGE REISE IN EINE MÄRCHENHAFTE NATURLANDSCHAFT? DANN IST DER EISGRABEN GENAU DAS RICHTIGE!

Hin & weg: Wanderparkplatz Schwarzes Moor; Bushaltestelle Schwarzes Moor, Fladungen.

Dauer & Strecke: Ca. 3 Std., 10 km.

Beste Zeit: Frühjahr bis Herbst.

Ausrüstung: Festes Schuhwerk.

SKULPTUREN ENTDECKEN

> ... in Münnerstadt

Die Stadt der »Nägelsieder« und Tuch-
färber ist ein besonderes unterfränki-
sches Fleckchen. Viele Fachwerkhäuser,
heute noch gepflegtes Handwerk und
der Skulpturenweg als besonderer
Ausdruck der Kunst machen Münnerstadt
zu einem faszinierenden, vom Mittelalter
geprägten Kleinod.

Fränkischer Charme, wunderbare Bauwerke und faszinierende Kunst: Der Skulpturenweg zeigt Münnerstadt und seine Geschichte von einer ganz besonderen Seite.

Der Skulpturenweg wurde im Rahmen eines Bildhauersymposiums von zahlreichen regionalen Künstlern angelegt und soll die historische Geschichte der Stadt mit zeitgenössischen Kunstwerken verbinden. Ein Besuch des spannenden Themenwegs ist unweigerlich mit einem schönen Stadtspaziergang verbunden. Denn die Skulpturen sind überall in der Stadt verteilt, mal an öffentlichen und gut besuchten Orten aufgestellt, mal etwas versteckter platziert. Doch genau das macht es aus: Der Besuch der fränkischen Kleinstadt zeigt, wie schön das Entdecken und Herumwandeln ist, schult gleichzeitig die Aufmerksamkeit und erinnert daran, stets mit offenen Augen durchs Leben zu gehen.

Warum die Bewohner Münnerstadts auch »Nägelsieder« heißen? Die kunstvoll gefertigten Skulpturen aus Stein und Holz geben auch darauf eine Antwort. Speziell das Kunstwerk

An dem typischen Fachwerk, das in Münnerstadt an zahlreichen Ecken zu sehen ist, erkennt man schnell: Man ist in Franken.

»die Nägelsieder« auf dem Marktplatz beim Rathaus erzählt die vier Mythen, die sich um die Nägelsieder ranken: von einem falsch konstruierten Rathaus, das abgerissen werden musste, dessen Teile man aber alle wiederverwenden wollte, und daher selbst die krummen Nägel durch Sieden erneut geschmeidig gemacht hat, über die Sage, dass eine Frau ihren Schmuck zum Schutz vor plündernden Schweden im Dreißigjährigen Krieg in einen Topf mit rostigen Eisennägeln gab, darin herumrührte und für verrückt gehalten wurde, bis zu der Vermutung, dass der Begriff »Nägelsieder« von der Tuchmacherei abstamme. Überdies könnte sich der Begriff Nägelsund aber auch vom Brennen von abgestandenem Bier oder Bierresten ableiten, da die Neige des Bieres, fränkisch »Näch« oder »Nächela«, Hinweise auf den »Nächelsud« oder die »Nächelsieder« geben.

Neben dem Brunnen, der den »Nägelsiedern« gewidmet ist, gibt es noch 17 weitere faszinierende Skulpturen zu entdecken. Etwa die Figur »Ausschnitt«, deren abstrakte plastische Form auf Gedanken zu unterschiedlichen Entwicklungen in Stadtgeschichte und Stadtentwicklung beruht, den »Deutschordensritter« bei der Stadtpfarrkirche, dessen Haltung unter anderem auch die Werte der Ordensgemeinschaft ausdrückt, oder die Skulptur »Stadt – Kirche«, die, auf dem Kirchplatz an der Stadtpfarrkirche platziert, die enge Beziehung von Münnerstadt mit der Katholischen Kirche symbolisiert. Kleine Informationstafeln helfen bei der Interpretation der Skulpturen. Zahlreiche Details, hübsche Fachwerkhäuser und mittelalterliche Bauten, etwa die Zehntscheune, das Heimatspielhaus und das Jörgentor als östliche Zufahrt zur Stadt, warten darauf, entdeckt zu werden.

Tipp: Besonders gut für eine Einkehr eignet sich der Bayerische Hof am Marktplatz. Das historische Fachwerkhaus mit Gewölbekeller überzeugt vor allem mit fränkischer Küche und leckerem Kuchen.

> FAZIT: NEBEN DER KULTURELLEN UND GESCHICHTLICHEN BEDEUTUNG WICKELT DIE STADT SEINE BESUCHER MIT IHREM FRÄNKISCHEN CHARME UM DEN FINGER.

Hin & weg: Parkplatz P1, An der Laache (kostenlos, auch für Camper und Dauerparker); Bushaltestelle Marktplatz, Münnerstadt.

Dauer & Strecke: Etwa 2 Std. (je nach Tempo und Aufmerksamkeit, die man den einzelnen Skulpturen schenkt), 4 km.

Beste Zeit: Ganzjährig.

Ausrüstung: Offene Augen und wacher Geist.

DIE LANG-SAMKEIT ENTDECKEN

 ... mit dem Rhön-Zügle durchs Streutal

#3

Eine Zugfahrt ohne Stress, Verspätungen und lästige Sitzplatzsuche? Das klingt für Bahngeplagte im ersten Moment mehr wie Wunschdenken. In Fladungen ist dies möglich. Zum Teil im Schritttempo geht es mit der historischen Dampflok bis nach Mellrichstadt. Reisen wie früher – ganz ohne Eile!

#Dampflok #Schritttempo #Fladungen #Freilandmuseum

Das Rhön-Zügle ist die Museumsbahn des Fränkischen Freilandmuseums Fladungen. Betrieben wird es vom Rhön Zügle e.V., dessen Ehrenamtliche sich seit über 20 Jahren mit viel Einsatz und Liebe um den Erhalt von Lok und Waggons kümmern. Die Fahrt startet somit an eben jenem Museum, wo auch die Fahrkarte gekauft werden kann. Das Wetter ist schön sommerlich, eine Menge Menschen steht am Bahnsteig und wartet darauf, einsteigen zu dürfen.

Die Dampflok 897373 wird noch mit Wasser befüllt und bereitet sich prustend und dampfend auf ihre Expedition vor. Sie ist heute definitiv das beliebteste Fotomotiv. Doch auch die Diesellok, mit der sich 897373 regelmäßig abwechselt, sowie die Waggons können mit ihr locker mithalten. Letztere schauen aus wie aus den 1930er-Jahren. Der eine Wagen ist olivgrün, der andere grauschwarz. Beide Waggons sind mit alten Zugnummern versehen – Nostalgie pur.

Wie sie wohl von innen aussehen? Endlich darf eingestiegen werden. Und Überraschung: Schön ist es hier! Außerordentlich rustikal, viel Holz, aber auch detailverliebt. Fast zwei Jahre lang wurden die Wagen mühevoll nach Originalplänen wieder aufbereitet und restauriert. Die Gepäcknetze wurden von Hand geknüpft und an den gusseisernen Halterungen befestigt, die Sitzbänke aus abgelagertem Eichenholz gebaut. Die Fenster, die Lampen an der Decke und die kleinen Hinweistäfelchen lassen einen Hauch der Vergangenheit spüren. Ruckelnd und laut schnaubend setzt sich die Lok in Bewegung. Wer einen Platz am Fenster ergattert hat, darf jetzt die Schönheit des Streutals genießen. Vorbei an blühenden Wiesen, grünen Feldern, fränkischen Orten, dem Lauf der Streu folgend, kann die Lang-

samkeit des Reisens (wieder-)entdeckt werden. Wer mag, kann sich auch auf die Trittflächen zwischen den Waggons stellen – dort weht einem der Fahrtwind durchs Haar!

Auf höchstens 40 Kilometer pro Stunde beschleunigt die Lok. An manchen Stellen sind nur ein 1–2 km/h erlaubt, vor allem an Kreuzungen. Und Kreuzungen gibt es einige. Genau wie Hobbyfotografen am Streckenrand, die ausgerüstet mit Kamera und Stativ schon fast sehnsüchtig auf das Zügle warten. Wer mag, kann an den Haltestellen Nordheim, Ostheim oder Stockheim aussteigen und die Gegend erkunden. Am Zielort Mellrichstadt lohnt sich ein Spaziergang in die »junge Stadt in alten Mauern«, denn dort ist die Stadtmauer noch zu großen Teilen erhalten. Alter-

Auf der Suche nach Ruhe ist eine Fahrt mit dem Rhön-Zügle genau das Richtige. Mit maximal 40 Kilometern pro Stunde fährt die Dampflok samt historischen Waggons von Fladungen bis nach Mellrichstadt.

nativ können die Mitreisenden die nächste Bahn wieder zurück nehmen, um die Fahrt gleich ein zweites Mal zu genießen.

FAZIT: ENTSCHLEUNIGUNG MAL ANDERS. ZUGFAHREN VOLLKOMMEN OHNE STRESS UND EILE, INKLUSIVE EINER REISE IN DIE VERGANGENHEIT SOWIE IN DIE LANDSCHAFT DES STREUTALS.

Hin & weg: Parkplatz am Fränkischen Freilandmuseum in Fladungen, Bahnhofstraße 19, 97650 Fladungen. Fahrkarten im Museum oder direkt im Zug, Fahrplan unter www.freilandmuseum-fladungen.de

Dauer & Strecke: 2 Std., 18,4 km. Mit Besuch des Fränkischen Freilandmuseums wird dies zu einem Tagesausflug.

Beste Zeit: Das Rhön-Zügle fährt von Mai bis September an ausgewählten Sonn- und Feiertagen (siehe Website).

Ausrüstung: Kamera, Picknick.

TIERISCH SCHÖN

→ … Alpakawanderung ab Geisa-Borsch ←

#4

Wer einmal in diese treuen, glückseligen Kulleraugen geschaut, das flauschige Köpfchen gekrault und das freundliche Gemüt kennengelernt hat, der wird sich verlieben! Alpakas verzaubern und haben nachweislich eine beruhigende Wirkung auf uns Menschen. Damit sind sie ideale Begleiter für eine Wanderung.

Gutmütig und sehr menschenfreundlich: Alpakas sind ideale Weggefährten für einen entspannenden Spaziergang durch die Landschaft der Thüringer Rhön.

Die drei Paarhufer mit eigenem Kopf gehören den Wiegands und leben mit ihren Alpakageschwistern und -freunden auf weitläufigen Wiesen im Geisaer Ortsteil Borsch. Als Petra und Peter Wiegand zum ersten Mal den aus den südamerikanischen Anden stammenden Tieren begegneten, waren sie direkt fasziniert. Nicht nur von ihrem hübschen Äußeren, auch die inneren Werte beeindruckten sie: »Vor allem ihr sanfter Charakter hat uns angesprochen. Sie sind zutraulich, geduldig und gewöhnen sich schnell an uns Menschen.« Und sie fühlen sich im rauen Klima der Rhön sichtlich wohl.

Auf die Idee, interessierte Rhönbesucher auf die Ausflüge mitzunehmen, kamen damals ihre Kinder, denn Spaziergänge mit den Tieren waren von Anfang an die Regel. Schnell war klar: Alpakas sorgen für ausgesprochen gute Laune! Gepaart mit der wunderschön blühenden Landschaft und der vollkommenen Ruhe ist man nach einer Alpakawanderung vor allem eins: komplett tiefenentspannt. Eine Auszeit vom hektischen Alltag, im Einklang mit der Natur – einfach erholsam.

Frieda ist eine eiserne Verfechterin des Winters. Sie mag es lieber kühl und verspürt an heißen Sommertagen wenig Lust auf Spaziergänge. Vor allem bergauf findet sie richtig uncool. Ida und Ibo sind dafür umso lauffreudiger. Das könnte vielleicht auch an ihrer »Kleidung« liegen: Die beiden wurden schon geschoren. Sie haben es schön luftig um ihren Körper. Frieda trägt noch ihr Winterfell. Dick eingepackt hätte auch unsereins wenig Motivation, bei hohen Temperaturen durch die Gegend zu laufen. Für Essenspausen sind aber alle drei jederzeit zu haben, das Gras ist doch so schön frisch und grün. So dauert der Spaziergang auch mal etwas länger. Wenn Frieda und Co. keine Lust haben, dann haben sie keine Lust. Da nützt auch gut zureden oder an der Leine ziehen nicht viel.

Darüber hinaus sind die Tiere sehr pflegeleicht. Sie ernähren sich hauptsächlich von frischem Gras und Heu und können das ganze Jahr über draußen auf der Weide bleiben. Ihre dicke Wolle wärmt sie bei Minusgraden. Auch die bergige Landschaft macht ihnen nichts aus, solange es für Friedas Befinden kühl genug ist. Trotzdem ist sie nach der Wanderung noch topfit, läuft direkt zur Koppel und begrüßt ihre Artgenossen freundlich mit einem

Die Tiere von Familie Wiegand sind der Star im kleinen Ort Borsch. Kaum jemand schafft es, an der Weide vorbeizulaufen, ohne stehen zu bleiben, um die hübschen Alpakas zu begrüßen.

leisen »Mäh«. Peter Wiegand erläutert: »Alpakas sind sehr soziale Tiere, sie brauchen immer den Kontakt zu Artgenossen. Daher sollte man sie auf keinen Fall alleine halten.«

FAZIT: DIE FLAUSCHIGEN BEGLEITER SORGEN FÜR GUTE LAUNE UND LASSEN EINEN DIE NATUR NOCH ENTSPANNTER ERLEBEN.

Hin & weg: Haus von Familie Wiegand, Auf der Gröbe 9, 36419 Geisa-Borsch, Tel. 036967 6688.

Dauer & Strecke: Mehrstündig, je nach Tour. Mehr unter www.alpakawiese-rhoen.de

Beste Zeit: Ganzjährig, nur nicht bei großer Hitze.

Ausrüstung: Festes Schuhwerk.

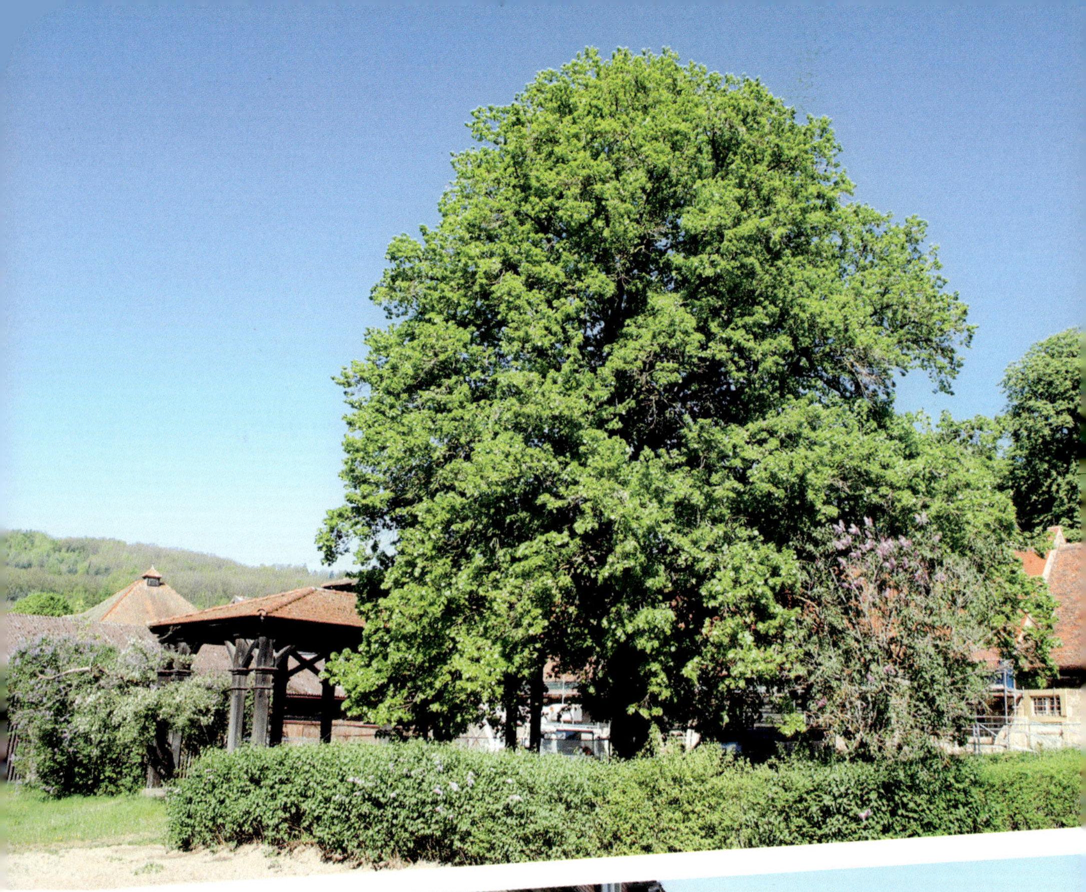
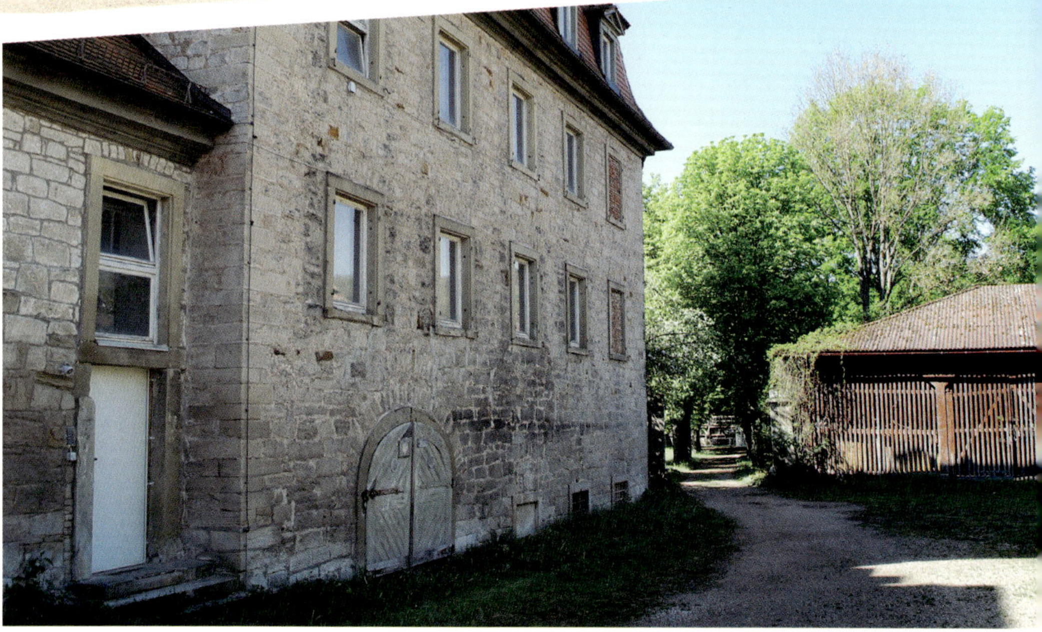

EIN HAUCH NORDSEE- LUFT

... auf dem Salzweg durch Bad Kissingen

#5

Auf der Suche nach Erholung in der Rhön kommt man an Bad Kissingen nicht vorbei. Hier spielt ein häufig verwendetes Gewürz eine bedeutende Rolle: Salz. Entlang der schönen Saalepromenade lässt sich der Prozess der Salzgewinnung und deren Bedeutung für die Kurstadt nachvollziehen.

#Salinen #Kurort #durchatmen #Meeresbrise

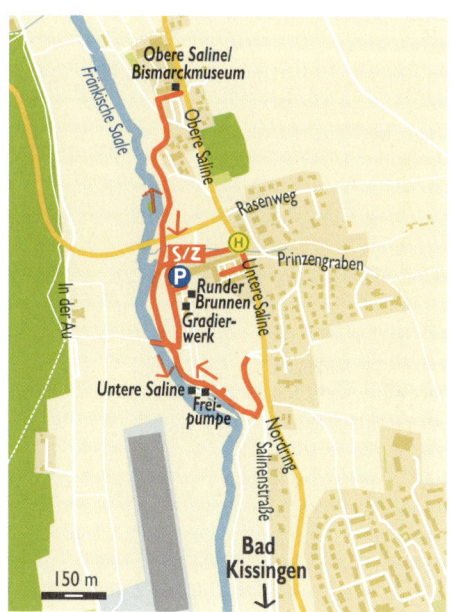

Das Wassertreten nach Sebastian Kneipp hat viele Vorteile für die Gesundheit. Bei der Erkundung des Salzweges bietet das Kneippbecken eine willkommene Abkühlung.

Der Salzweg verbindet die ehemaligen Salzproduktionsstätten Untere und Obere Saline. An zehn Stationen, die an historischen Zeugnissen der Salzerzeugung aufgestellt sind, werden die einzelnen Schritte der Salzproduktion erläutert. Gleichzeitig wird die Bedeutung von Salz und Sole für die Badgeschichte Kissingens deutlich. Bereits beim Parkplatz wird man auf das Herzstück des Themenwegs aufmerksam: das Gradierwerk, im Volksmund liebevoll auch Saline genannt. Es besteht aus einer aufwendigen Holzkonstruktion, die aus der Ferne durchaus Ähnlichkeit mit einem normalen Haus hat, und war Teil der ehemaligen Salzgewinnungsanlagen. Genauer gesagt verdunstete hier das Wasser, sodass sich Salzkristalle an den Wänden ablagerten. Seit der Einstellung der Salzgewinnung wird das Gradierwerk zur Soleinhalation genutzt.

Die Hauspumpe bildete mit der Freipumpe und dem separaten Wärterhaus eine zentrale Einheit beim Transport von Sole und Süßwasser.

Und das ist ein überwältigendes Erlebnis: Beim Gang um den Gradierbau herum verändert sich das Klima spürbar. An den in den Holzbalken eingearbeiteten Schwarzdornbündeln rieselt Sole herab und verdunstet. Dabei werden gereinigte Salzteilchen in die Luft abgegeben, diese erzeugen ein gesundheitsförderndes Mikroklima. Die Luft, die eingeatmet wird, fühlt sich gleich anders an, schmeckt anders. Also tief ein- und ausatmen! Konzentriert man sich auf seine Atmung, kommen auch Körper und Geist zur Ruhe. Ein entspannendes Gefühl.

Wer braucht da noch die Nordsee? Zumal die Wirkung des kurzen Gangs sehr ähnlich ist. Doch das ist längst nicht alles, was der Salzweg zu bieten hat. Beim entspannten Schlendern von Station zu Station kann man viele Stätten der Salzgewinnung bestaunen: vom Runden Brunnen, in dem die Sole sprudelt und der das Gradierwerk speist, über die Freipumpe, die das Umwälzen frisch geförderter beziehungsweise angereicherter Sole übernahm und die als zentrale Einheit mit der Hauspumpe sowie dem Wärterhaus fast den gesamten Transport von Sole und Süßwasser im Bereich der Unteren Saline übernahm, bis hin zum Salzhaus, dem Bindeglied zwischen Gradierbauten und Sudhaus, sowie zum Sudhaus, der eigentlichen Salzproduktionsstätte. Ein faszinierendes Wandeln durch Bauten und Einrichtungen mit denkmalgeschütztem Charakter. Ein besonderer Blickfang ist zudem das repräsentative Wohngebäude der Oberen Saline, in dem einst sogar Otto von Bismarck residierte und in dem heute ein Museum mit vier verschiedenen Abteilungen, darunter ein Bismarck-Museum sowie ein Bereich zu Salz und Salzerzeugung, untergebracht ist. Der Salzweg führt bequem zu dem etwas entfernten Gebäude.

Tipp: Wer nach so viel Salz durstig ist, schlendert die Saalepromenade zum Rosengarten und genießt eine leckere Kaffeespezialität und ein großzügiges Tortenstück im gleichnamigen Café.

FAZIT: EINE SUPER ALTERNATIVE FÜR EINEN NORDSEE-URLAUB. LEHRREICH UND WOHLTUEND ZUGLEICH.

Hin & weg: Parkplatz Bad Kissingen, Am Gradierwerk; Bushaltestelle Untere Saline.

Dauer & Strecke: 1–2 Std. (mit Pausen und Infotafeln), 2,2 km.

Beste Zeit: Ende April bis Oktober, weitere Informationen unter www.badkissingen.de

Ausrüstung: Nichts Besonderes, evtl. etwas zu trinken.

EIN MEER AUS STEINEN

... auf dem Schafstein

Auf seinem Plateau thronen mächtige Basaltblöcke. Dicht aneinandergedrängt formen sie sich zu einem steinernen Meer: dem größten Blockmeer der Rhön. Ein faszinierender Anblick! Vermutlich entstanden in der letzten Eiszeit und ein Zeitzeugnis der vulkanischen Vergangenheit der Rhön.

#Urwald #Basalt #Gletscher #Auszeit

Die Natur darf tun, was sie möchte: Das Naturschutzgebiet Schafstein wird seit Jahrzehnten sich selbst überlassen. Viele Pflanzen und Tiere freuen sich darüber.

Denn das Gebiet auf dem Schafstein ist als
Naturwaldreservat ausgewiesen. Der Mensch
darf hier forstwirtschaftlich nicht eingreifen.
Die Natur wurde sich selbst überlassen und
hat diese Chance auf äußerst faszinierende
Weise genutzt: So führt der Rundwanderweg
lediglich auf einem kleinen Trampelpfad den
Berg hinauf. Zu erreichen ist dieser von der
Straße zwischen Reulbach und Wüstensachsen, wo sich ein kleiner Parkplatz befindet.
Von dort wird die Straße überquert, und ein
kleines Holzhäuschen mit einer Infotafel bittet
in den Wald hinein.

Der Aufstieg wird dann schnell sehr steil. Es
geht im Zickzack den Berg hinauf – fast schon
abenteuerlich. Eine Menge Äste liegen im
Weg. Mächtige Steine ragen aus dem Boden.
Die Bäume sind voller Moos. Baumpilze haben

Wer dieses gewaltige Schauspiel der Natur
genießen möchte, muss erst einmal einen Urwald durchqueren. Ja, einen richtigen Urwald!

es sich auf dem Totholz, das überall verteilt
liegt, gemütlich gemacht. Ein richtiger Urwald
eben, mit Buchen, Karpatenbirken, Eber-
eschen und anderen Laubbäumen, die teilweise schon seit 160 Jahren hier stehen.
Herrlich und irgendwie romantisch, wie sich
die Natur hier ausgebreitet hat. Hat es zuvor
geregnet, erstrahlt das viele Moos in einem
satten Grün, ja, es leuchtet förmlich.

Hin & weg: Parkplatz an der K38 zwischen
Reulbach und Wüstensachsen.

Dauer & Strecke: 1,5 Std. (inklusive Aussicht
genießen), 2,5 km.

Beste Zeit: Frühling bis Herbst.

Ausrüstung: Wanderschuhe, Jacke (auch im
Sommer).

Die Anstrengung hat sich gelohnt: Nach dem steilen Aufstieg gibt's einen phänomenalen Ausblick und ein riesiges Meer aus Steinen und Basaltblöcken zu bestaunen.

Oben angekommen, heißt es erst mal: durchschnaufen. Wie praktisch, dass hier direkt eine Bank zum Ausruhen bereitsteht. Und dann wird die Belohnung auf dem Nord- und Südhang sichtbar: Basaltblöcke, so weit das Auge reicht. Bis zu 30 Meter mächtig sind sie und bilden zusammen eine Fläche von 3,6 Hektar. Das besonders kühle Mikroklima innerhalb der Blockhalden sowie in unmittelbarer Nähe bietet seltenen Moosen und Flechten idealen Lebensraum. Manche wachsen hier schon seit Ende der letzten Eiszeit.

Ebenfalls phänomenal ist der Ausblick! Der 832 Meter hohe Berg bietet einmalige Fernblicke. Innere Ruhe und ein friedliches Gefühl umgeben einen – als würde der Tag ewig dauern. Doch bevor es dunkel wird, sollte der Abstieg hinter sich gebracht werden. Dieser führt zwar über die andere Seite des Berges und ist nicht ganz so steil, aber auch hier liegen Äste und Steine auf dem Weg. Wer den Hinweisschildern Richtung Wüstensachsen folgt, gelangt wieder zum Parkplatz.

Tipp: Wer nach der Runde um den Schafstein noch nicht genug hat, kann den Wanderweg bis auf die Wasserkuppe verlängern.

FAZIT: EIN ORT ZUM TRÄUMEN UND LOSLASSEN. IDEAL, UM DIE NATUR ZU ERLEBEN UND RUHE ZU FINDEN.

DIE ALPEN DER RHÖN

⟩ ... im Naturschutzgebiet Kesselrain ⟨

#7

Einmal abtauchen in eine andere Welt. Eigentlich nur einen Wald betreten. Doch hier ist alles anders: niedrige Temperaturen, sehr feuchte Luft, wunderschöne seltene Pflanzen und ganz viele Bachläufe. Im Naturschutzgebiet Kesselrain herrscht alpines Klima. Und es fühlt sich wirklich nach Alpen an!

#Urwald #AlpenMilchlattich #montan #Ehrenberg

Der Weg zum alpinen Naturschutzgebiet führt an der Ulsterquelle vorbei. Der Fluss speist zahlreiche kleine Bachläufe im Kesselrain und bietet vielen seltenen Pflanzen und Tieren idealen Lebensraum.

Da kann es auf dem Weg dorthin noch so warm sein, kaum in das Innere des Waldes eingetreten, kommt einem eine angenehm kühle Luft entgegen. Es scheint, als wäre man in eine andere Klimazone gebeamt worden. So, als hätte sich eine Schlucht vor einem geöffnet, durch die lediglich ein schmaler Weg führt, der besser nicht verlassen werden sollte. Denn auf der einen Seite des Weges geht es extrem steil bergauf, auf der anderen ebenso steil bergab. Die Abhänge sind mit Bäumen bewachsen: einem Bergmischwald aus Buche, Sommerlinde und Bergahorn. In den nassen Bereichen ergänzen Schwarzerlen und Eschen das Waldbild.

Durch das Gestein sickern zahlreiche kleine Quellen, die für den Schluchtcharakter ver-

antwortlich sind. Zusammen mit den niedrigen Temperaturen bewirken sie ein montanes Klima. Das ist übrigens einmalig in der Rhön.

Ist's im Sommer unerträglich heiß, sorgt der Wald für Abkühlung. Wer nach dem Kesselrain noch nicht genug hat, kann noch hoch zum Heidelstein wandern.

So können hier viele besondere Waldbodenpflanzen wie Gelber Eisenhut, Breitblättrige Glockenblume oder der sehr seltene und eigentlich im nördlichen Skandinavien beheimatete Alpen-Milchlattich bewundert werden.

Das raue Hochlagenklima schafft auch ideale Lebensbedingungen für die Alpenspitzmaus und die Wasserspitzmaus, die naturnahe Gewässer mit Feuchtwäldern benötigen. Tagfalter wie der Schwarze Apollo und im Quellbereich auch die Rhönquellschnecke finden hier ebenfalls einen geeigneten Lebensraum.

Der Weg zu diesem magischen Wald ist weitläufig. Vom Parkplatz Moorwiese führt zunächst ein schmaler Wiesenpfad parallel zur Straße. Dieser mündet nach etwa 200 Metern in einen breiten Schotterweg. Links abgebogen, führt dieser zum Naturschutzgebiet Kesselrain – einfach der Beschilderung des Ulstertalradwegs folgen. Besonderes Highlight: die Ulsterquelle, an der der Weg vorbeiführt. Hier lädt ein schöner Rastplatz zum Erholen ein. Die weitere Strecke ist relativ flach, aber schattenlos. Im Hochsommer freut man sich daher umso mehr, wenn endlich der Wald erreicht ist.

Das Gebiet der Kernzone Kesselrain ist nicht groß, aber trotzdem phänomenal. Wer dort durchläuft, kommt aus dem Staunen nicht mehr heraus. Es ist so herrlich grün! Die Natur darf sich ausleben, wie sie möchte. Ob abgeknickte Bäume, wild wachsende Pflanzen oder ein neugieriger Buchfink, der sich mutig in den Weg stellt – mehr Urwald geht nicht.

Und man sollte unbedingt den gleichen Weg wieder zurückgehen, denn aus der entgegengesetzten Perspektive wirkt alles irgendwie noch grüner, noch schöner.

FAZIT: EIN URWALD WIE EINE SCHLUCHT, IN DER MAN SICH EINIGE STUNDEN VOR DEM HEKTISCHEN ALLTAG VERSTECKEN KANN.

Hin & weg: Parkplatz Moorwiese an der B278, zunächst dem Hinweisschild »Ulsterquelle«, dann der Beschilderung des Ulstertalradwegs folgen.

Dauer & Strecke: Knapp 2 Std., 5 km.

Beste Zeit: Frühjahr, Sommer und Herbst zum Wandern; Winter zum Langlaufen (Loipe).

Ausrüstung: Festes Schuhwerk.

DER FRÜHE VOGEL

≳ ... Sonnenaufgang auf dem Wachtküppel ≲

Besonders am frühen Morgen sind Tiere und Natur der Rhön aktiv, während das alltägliche Leben noch ruht. Diese Ruhe lässt sich auf ganz besondere Weise genießen: einfach mal den Sonnenaufgang auf dem »Lausbub der Rhön« beobachten.

Hier geht es zum Gipfel: Das Schild ist leicht zu übersehen, weist aber zielsicher den Weg. Oben angekommen, heißt es dann mit Blick auf die Wasserkuppe warten, bis sich die Sonne gemächlich erhebt.

Etwa eine halbe Stunde vor dem Sonnenaufgang macht man sich auf den Weg zum markanten Felsenküppel zwischen Poppenhausen und Gersfeld. Parken ist auf einem Wanderparkplatz nahe der hübschen Wendelinuskapelle möglich. Von hier geht es in Richtung einer Kuhweide, an der der Weg rechts abzweigt – ein leicht zu übersehendes Schild am linken Wegesrand weist den Weg zum 705 Meter hohen Wachtküppel. Dem Weg bis

Hin & weg: Wanderparkplatz an der Wendelinuskapelle (Wachtküppel 107, 36129 Gersfeld).

Dauer & Strecke: 1–2 Std., ca. 1,5 km. Wer noch eine kleine Morgenrunde dranhängt, ist auch länger unterwegs.

Beste Zeit: Ganzjährig, im Winter aber besonders vorsichtig sein.

Ausrüstung: Festes Schuhwerk, warme Klamotten, Trittsicherheit.

Den schönsten Ausblick hat man definitiv vom Gipfelkreuz aus. Die Ziegen haben auch kein Problem mit ein bisschen Gesellschaft.

zu einem Gatter folgen, dieses durchqueren und tief durchatmen. Jetzt beginnt der kreisförmige Aufstieg, und der erfordert Trittsicherheit. Denn der Weg ist teilweise sehr steinig und steil, meist gibt es aber eine alternative Route, die bequem zum Gipfelkreuz führt. Zwischendurch stehen immer wieder Bänke, auf denen man schon den herrlichen Ausblick genießen kann.

Der Wachtküppel wird übrigens liebevoll auch »Lausbub der Rhön« genannt, da seine Magneteisenstein-Füllung Kompasse daran hindert, ihren eigentlichen Zweck zu erfüllen. Ist der Berg etwa zur Hälfte umrundet, bleibt man eventuell leicht verdutzt stehen: Mehrere neugierige Ziegengesichter blicken einem entgegen. Allein ist man auf dem Wachtküppel also quasi nie. Die Tiere fühlen sich hier wohl und beweisen auf dem steinigen Berg, der der Rest eines Vulkanschlotes ist, wie trittsicher sie sind. Hier auf jeden Fall den Hinweis vom Gatter beachten und das Weidevieh achten und respektieren – dann können alle den Sonnenaufgang genießen.

Der lässt sich oben am Gipfelkreuz besonders gut beobachten. Mit Blick auf die Wasserkuppe, unverkennbar am Radom, einer fantastischen Rundumsicht auf die gesamte Kuppenrhön, erblickt man die Milseburg, den Heidelstein in Bayern und auf der anderen Seite bei guter Sicht die Ruine der Ebersburg. Hoch oben heißt es dann auf die Sonne warten, zur Ruhe kommen und die Naturkulisse genießen – am besten immer mit Blick auf die Wasserkuppe, wo sich die Sonne nach und

nach erhebt. Hier sollte man sich unbedingt warm anziehen, denn auf dem Gipfel des Wachtküppels ist es immer etwas zugig, sodass es auf Dauer auch mal schnell kalt wird. Es ist ein idealer Ort, um die Gedanken kreisen zu lassen oder um sich einfach frei zu machen von Stress, Problemen und dem generellen Alltag.

Beim Abstieg sollte man wieder besonders vorsichtig sein, damit man nicht abrutscht, und gerne ab und zu an einer Bank Halt machen und das romantische Naturschauspiel genießen. Unten angekommen, entweder die Rückfahrt antreten oder vor dem Frühstück noch eine kleine Morgenrunde laufen: Vom Parkplatz aus führen einige kurze Rundwanderwege um den »Lausbub der Rhön« herum.

Tipp für Morgenmuffel: Für den Sonnenuntergang wurde auch eine Bank in Blickrichtung Westen aufgestellt.

FAZIT: EIN FANTASTISCHES NATURSCHAUSPIEL MIT TOLLEM PANORAMA, BEI DEM SOWOHL ENTSPANNUNG ALS AUCH ROMANTIK AUFKOMMT.

ZEIGT HER EURE FÜßE

... Entspannung in Hofbieber

Seinen Füßen muss man dankbar sein:
Sie sind stark, tragen einen solide durchs
Leben und bringen einen gewissenhaft
von A nach B. Um ihnen eine besondere
Freizeit zu gönnen, eignet sich der Barfuß-
Erlebnispfad in Hofbieber. Auf dem
Rundweg warten 18 Stationen mit ver-
schiedenen Materialien aus der Rhön.

#barfußlaufen #Wellness #Schlammbad #Gesundheit

Autsch! Mancher Untergrund ist für die Füße erst einmal ungewohnt. Bei Pausen können sie sich dann erholen.

Startpunkt ist ein Wassertretbecken. Schuhe und Socken im Regal abstellen, Füße waschen, und schon kann man sich ausgiebig dem gesunden Wassertreten nach Sebastian Kneipp widmen. Das regt den Kreislauf an und fördert die arterielle Durchblutung. An heißen Sommertagen ist es zudem eine wohltuende Abkühlung. Vor allem Kinder haben großen Spaß an der Wasserstation. Über einen Wiesenboden läuft man barfüßig an-

schließend in Richtung eines Buchenwalds. Hier erweitert ein Motivweg mit einigen schönen Mosaikbildern, die in Wort und Bild verschiedene Sinneserfahrungen beschreiben, die bevorstehende Sinneserfahrung über die Füße hinaus.

Auf dem Rundweg gibt es die unterschiedlichsten Bodenbeläge zu entdecken: Verschiedene Steinformen, raues Gestein und

43

Auch für die Augen ist etwas dabei: Immer den Fußabdrücken folgend, beschreibt ein Motivweg entlang des Barfuß-
pfades verschiedene Sinneserfahrungen in Wort und Bild.

massierender Kies, körniger Sand und natur-
gewachsenes Holz sowie ein Wackelsteg
wecken alle Sinne. Hier wird einem wieder
bewusst: Barfußlaufen macht Spaß! Es unter-
stützt die Gesundheit: Es regt das Herz-Kreis-

lauf-System an, beugt Venenproblemen vor,
stärkt die Abwehrkräfte und senkt den Blut-
druck. Über die natürlichste aller Fußreflex-
zonenmassagen kann man sich nur freuen,
trainiert sie doch zugleich die motorischen

Schlammbad gefällig? Bei entsprechender Wetterlage wird das Becken mit der lehmigen Erde zu einer wahren Wellnessbehandlung.

Fähigkeiten, kräftigt sowohl die Fuß- als auch die Unterschenkelmuskulatur und beugt darüber hinaus auch Fußschäden und deren Folgeleiden vor.

Auf natürliche Weise stimuliert ein Barfußpfad die zahlreichen Reflexzonen an den Füßen und fördert die Harmonie zwischen Körper, Geist und Seele. Man spürt die Entspannung, vergisst schnell Stress und Probleme und lässt einfach die Seele baumeln. Besondere Höhepunkte auf dem Weg sind ein schwankender Balancebalken sowie ein Becken mit lehmiger Erde. Der Balancebalken trainiert den Gleichgewichtssinn. Das Becken mit der lehmigen Erde wird durch eine entsprechende Wetterlage auch gerne mal zu einer kleinen Schlammgrube. Das erinnert schon fast an einen Wellnessurlaub. Nach dem Schlammbad am besten die Füße waschen, bevor man sich auf den Weg zu den weiteren Stationen macht.

Als letzte »Hürde« wartet eine sogenannte Venentreppe, die zum Schluss noch einmal die Bein- und Wadenmuskulatur kräftigt. Nach einem abschließenden Fußbad werden die Füße wieder in Socken und Schuhe gekleidet, bevor man nun völlig entspannt dem Alltag entgegengeht.

Tipp: Neben Hofbieber gibt es auch noch weitere schöne Barfußpfade in der Rhön, beispielsweise in Fulda, Frankenheim oder Bad Kissingen (siehe Karte).

FAZIT: EIN VIELVERSPRECHENDER UND KOSTENFREIER ERHOLUNGSURLAUB FÜR DIE FÜßE – ENTSPANNUNG UND EINKLANG VON KÖRPER, GEIST UND SEELE INKLUSIVE.

Hin & weg: Parkmöglichkeiten in Hofbieber, Sportanlagen An St. Florian; Bushaltestelle Langenbieberer Straße, Hofbieber.

Dauer & Strecke: 1–2 Std. beim entspannten Erfahren und ausgiebigen Erleben aller Sinneseindrücke, 1 km.

Beste Zeit: April bis Oktober, Öffnungszeiten und mehr unter www.hofbieber-tourismus.de

Ausrüstung: Handtuch, um seine Füße nach dem Waschen abzutrocknen.

ES BLÜHT

≥ … in der Wiesenthaler Schweiz ≤

#10

Einfach mal den Kopf ausschalten, die Augen schließen, tief einatmen. Es duftet nach den verschiedensten Pflanzen. Nur das Zirpen der Grillen, das Summen der Hummeln und Bienen ist zu hören. Die blühenden Wildwiesen der Wiesenthaler Schweiz laden zum Träumen ein.

Der Wilde Majoran, auch Dost genannt, blüht in der Wiesenthaler Schweiz und sorgt auf den grünen Wiesen für farbenfrohe Hingucker.

nen. Ob Sumpf-Stendelwurz, Honigorchidee, Manns-Knabenkraut oder Spinnenragwurz, der Anblick dieser gewaltig blühenden Pflanzen erfreut jeden Naturfreund immer wieder aufs Neue.

Kalkmagerrasen sind arm an Stickstoff und Phosphor. Sie sind extensiv genutzte Biotope, die meist durch eine jahrhundertelange Nutzung als Viehweiden und ohne Einsatz von Dünger auf kalkreichen Böden entstanden sind. Aufgrund ihrer Artenvielfalt und ihrer Bedeutung für die Erhaltung der Biodiversität sind sie besonders schützenswert. So auch die Wiesenthaler Schweiz. Schafe werden hier als natürliche Rasenmäher eingesetzt. Bis zu 400 Tiere treffen sich hier regelmäßig auf dem Areal und sorgen dafür, dass die Wiesen nicht verbuschen. Was die Schafe nicht schaffen, muss der Mensch erledigen. Die vielen Wacholderbüsche dürfen stehen bleiben – sehr zur Freude von Tier und Mensch.

Südlich vom Ort Wiesenthal befindet sich das 34 Hektar große Gebiet, das zu den artenreichsten Biotopen Deutschlands gehört. Ausgangspunkt ist der Sportplatz in Wiesenthal, ein Feldweg führt durch die besondere Flora. Verschiedenste Pflanzen- und Tierarten sowie eine beträchtliche Anzahl an Kräutern sind auf dem bunten Blütenteppich zu finden. Egal wohin man schaut, überall blüht es! Diese Vielfalt ist dem dortigen Kalkmagerrasen zu verdanken. Circa 10 bis 15 Zentimeter unter dem Grün liegt das kalkhaltige Ausgangsgestein. An manchen Orten schimmern die grau-weiß-schwarzen Steine durch die Wiese durch. Der nährstoffarme Boden bietet zahlreichen Orchideen ideale Lebensbedingungen. Bis zu 30 Arten wachsen hier – von insgesamt 40 in der Rhön nachgewiese-

Hier mangelt es an nichts: Die besondere Flora des Naturschutzgebiets bietet für Raupen und andere Insekten ein umfangreiches Nahrungsangebot.

Kräuterliebhaber kommen hier sowieso voll auf ihre Kosten: Thymian, Johanniskraut, Wilder Majoran, Hufeisenklee und Schafgarbe sind nur wenige der Kräuter, die auf den Wiesen gedeihen und ihren aromatischen Geruch verbreiten. Hier gilt aber: Nur gucken, nicht anfassen! Denn im Naturschutzgebiet darf natürlich nichts gepflückt werden. Schön anzusehen sind sie dennoch. Wie eigentlich alles hier: Die Wiesenthaler Schweiz ist ein wundervolles Schauspiel zwischen Natur und Tier. Neben den ganzen Blumen, Kräutern und Pflanzen leben hier eine Menge seltener und gefährdeter Schmetterlinge. Bereits als Raupe finden sie ausreichend Nahrung und sitzen liebend gerne auf den Blüten der Zypressen-Wolfsmilch – einfach beruhigend, der Natur zuzuschauen.

FAZIT: DIE BLÜHENDEN WIESEN DER WIESENTHALER SCHWEIZ REGEN ALLE SINNE AN. EIN IDEALER ORT, UM ZU GENIESSEN UND ZUR RUHE ZU KOMMEN.

Hin & weg: Ausgangspunkt ist der Sportplatz Zum Köpfel in 36466 Wiesenthal.

Dauer & Strecke: Variabel. So lange, wie man möchte.

Beste Zeit: Frühling und Sommer, wenn alles so schön blüht.

Ausrüstung: Im Sommer Sonnenschutz.

MÄRCHENHAFTER ZAUBER

⟩ ... auf dem Gangolfsberg ⟨

Das Biosphärenreservat Rhön setzt sich aus zahlreichen beeindruckenden Kernzonen zusammen. Eine davon ist das Naturwaldreservat Gangolfsberg. Was das Gebiet so besonders macht, kann auf dem Naturlehrpfad entdeckt werden, der durch das mystisch anmutende Gebiet des Berges führt.

#mystisch #Kapelle #hiertreibtsichderTeufelrum #Basaltprismenwand

→ ABSTECHER

Die Natur macht, was sie will: So entstehen rund um den Gangolfsberg immer wieder märchenhafte Bilder.

Start ist am Parkplatz beim Schweinfurter Haus, von hier ist der Einstieg in den Naturlehrpfad nicht weit. Der Pfad führt durch einen Buchenmischwald, in dem verschiedenste Baumarten aufragen. Neben Berg- und Spitzahorn fühlen sich hier auch Lärche, Bergulme, Esche und Traubeneiche wohl. Der Beschilderung des Lehrpfades folgend, führt der Weg bald etwas steiler hinauf. Schon bald wird über eine Treppe ein faszinierendes Gebilde der Natur erreicht: das Vulkangestein an der Prismenwand. Hier ist Basalt zu Säulen erstarrt und gekippt. Es scheint fast so, als

habe jemand die Säulen fein säuberlich gestapelt. Das Phänomen zählt zu den am besten erhaltenen Basaltprismenwänden der Rhön. Ein Schild hält weitere Informationen über die geologische Besonderheit parat.

Links vorbei geht der Weg schmal weiter. Rechts befindet sich der gestapelte Basalt, links geht es hinab. Trittsicherheit ist hier gefragt. Diese sollte, ebenso wie Aufmerksamkeit, in der gesamten Kernzone nicht fehlen. Man weiß nie, wo eine Wurzel herausragt, ein Stein eine Stolperfalle bildet oder ein umge-

stürzter Baum den Weg versperrt. Niemand greift hier in die Natur ein, das wird auf dem Naturlehrpfad besonders deutlich: Vögel zwit-

schern, Insekten surren, eine Maus huscht über den Boden und sucht ihr Loch. Nichts stört den natürlichen Frieden. Bald verläuft der Weg links hinab zum sagenumwobenen Teufelskeller, einem heruntergebrochenen Felsbrocken, der eine winzige Höhle aus riesigen Felsen bildet. Hier soll einst der Teufel sein Unwesen getrieben haben. Es ist also kein Wunder, dass diesen Ort eine mystische Atmosphäre umgibt.

Es geht gen Norden, weg vom eigentlichen Lehrpfad. Stattdessen taucht man in die Kernzone ein: Der Weg wird zu einem schmalen Trampelpfad. Vorsicht, Brennnesseln! Zwischendurch einfach mal innehalten, die märchenhafte Umgebung genießen und der Natur lauschen. Dann führt die Route wieder auf

Der Teufel ist ein Eichhörnchen? Diesen putzigen geschnitzten Vertreter findet man zumindest nicht in der Nähe des sagenumwobenen Teufelskellers.

eine befestigte Straße, macht einen Bogen in den Lehrpfad hinein. Nach weiterer Kernzonenkunde geht es steil hinauf zur Gangolfskapelle. Einige Schilder informieren über die frühgeschichtliche Wallanlage des Berges. Der Platz, an dem die Reste der Kapelle stehen, hat ebenfalls eine besondere Atmosphäre, schließlich wurde das Kirchlein bereits im späten 8. Jahrhundert erbaut.

Hin & weg: Parkplatz beim Schweinfurter Haus, 97656 Oberelsbach; Bushaltestelle Gangolfsberg, Schweinfurter Haus.

Dauer & Strecke: 2–3 Std., ca. 6 km.

Beste Zeit: Frühjahr bis Herbst.

Ausrüstung: Festes Schuhwerk, Trittsicherheit und offene Augen.

Von hier geht es über Stock und Stein erneut auf die Straße, die wieder zum zweiten Eingang des Naturlehrpfades führt. Es lohnt sich, dieses Stück doppelt zu laufen, denn auf den zweiten Blick erkennt man immer wieder neue faszinierende Details, die einem vorher noch verborgen geblieben sind. Es geht zu einem alten Steinbruch, der einen weiteren Teil der Geschichte des Gangolfsberges widerspiegelt. Hier sind unter anderem fast senkrecht stehende Basaltsäulen zu sehen. Schilder weisen anschließend den Weg zum Ausgang.

> **FAZIT: DER ZAUBER DES GANGOLFSBERGES NIMMT EINEN GEFANGEN UND LÄDT ZUM TRÄUMEN EIN.**

ABKÜHLUNG GEFÄLLIG?

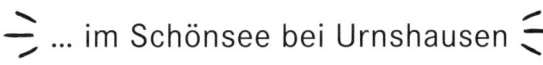 ... im Schönsee bei Urnshausen

#12

Das Thermometer zeigt Temperaturen über 30 Grad. Die Sonne brennt. Die Hitze flimmert auf dem Asphalt. Es ist Hochsommer. Und heiß. Da hilft nur eins: Badesachen einpacken und raus an den See! Der Schönsee ist ideal, um einen kühlen Kopf zu bekommen.

Der Schönsee liegt idyllisch in der Thüringer Rhön und lädt zum Baden, Sonnen und Entspannen ein.

Von Urnshausen sind es mit dem Auto circa zwei Kilometer Richtung Nordosten. Schon der schmale, noch nicht allzu lange asphaltierte Weg dorthin verspricht vor allem eins: Natur pur! Rechts und links nur Wald, kein Haus, kaum Verkehr, absolute Ruhe. Abseits von jeglichem Lärm und Trubel liegt der See in einem außergewöhnlichen Naturgebiet. Dort angekommen, kann das Auto auf einem Schotterparkplatz abgestellt werden. Die sattgrüne Liegewiese direkt am See ruft förmlich danach, sofort sein Handtuch auszubreiten. Ins Gras sinken, abschalten, für ein paar Stunden einfach alles ausblenden. Im Lieblingsbuch lesen, zwischendurch den neuesten Tratsch mit der besten Freundin austauschen – einfach herrlich entspannend!

Auch wenn die Sonne so richtig brennt, die vielen Bäume rund um Wiese und See spenden angenehmen Schatten. Wenn einem dann mal die Äuglein zufallen, wacht man ganz ohne lästigen Sonnenbrand wieder auf. Und wenn's dann doch zu heiß wird: einfach ins kühle Nass springen. Schwimmen, planschen,

Auch an Sommertagen ist der See nicht überlaufen. Wer mag, kann auf dem nahen Campingplatz übernachten.

tauchen – alles ist möglich. Und erfrischend kühl ist der See tatsächlich, ist er doch in der Mitte bis zu 25 Meter tief.

Ursprünglich durch einen Erdfall entstanden, hat der Schönsee eine Größe von fast 3,4 Hektar. Gespeist wird er von einer eingefassten Quelle, die Wasserqualität ist also sehr gut. Das Ufer ist umgeben von Kalmus, Binsen, Weiderich und Helmkraut. Aus dem Wasser ragen Seerosen, ein Buchenwald nimmt den See schützend in seine Mitte. Durch den Wald führt übrigens auch ein Rundweg um den See herum. Auf dem Weg begegnet man dem einen oder anderen Angler. Direkt am See befindet sich ein Campingplatz. Wer mag, kann also das erfrischende Naturerlebnis im Sommer zum gelungenen Wochenendausflug werden lassen, denn der See ist auch Ausgangspunkt zahlreicher Wanderungen. Und die Stockborn Ranch (www.stockborn-ranch.de) ganz in der Nähe lädt zum Western-Ausritt durch die Natur.

FAZIT: IDEALE ERFRISCHUNG AN HEISSEN SOMMERTAGEN. BESTE WASSERQUALITÄT, GRÜNE LIEGEWIESE UND ABSOLUTE RUHE INKLUSIVE.

Hin & weg: Schönsee-Camping in 36457 Urnshausen. Mit dem Bus von Bad Salzungen oder Dermbach bis Urnshausen, dann zu Fuß weiter.

Dauer & Strecke: Mehrere Stunden, für Camper auch ein Wochenende. Mehr unter www.schoensee-camping.de

Beste Zeit: Im Sommer zum Baden, ganzjährig zum Wandern.

Ausrüstung: Badesachen, Picknick, Sonnenschutz.

EINEN VULKAN ERKLIMMEN

≥ ... hinauf zum Oechsenberg ≤

#13

Kurze Wanderungen müssen nicht immer nur einfach und entspannt sein. Wer nicht allzu viel Zeit hat und sich dennoch mit atemberaubenden Ausblicken belohnen will, stattet dem Oechsenberg einen Besuch ab. Er ist einer der nördlichsten Berge der Rhön und der Hausberg der thüringischen Stadt Vacha.

Mag der Weg hinauf zum Plateau auch manchmal steil und anstrengend sein: Er lohnt sich, denn der fantastische Ausblick entschädigt für jede Strapaze.

Die Wanderung startet auf dem Hirtenplatz in Sünna, westlich des Oechsenbergs. Es geht nach Osten, durch den Dorfkern, vorbei an wunderschönen Fachwerkhäusern, bis sich der Oechsen, wie er auch genannt wird, vor einem erhebt. Der Berg selbst ist der Rest eines erloschenen Schichtvulkans. Der Aufstieg zum Plateau gestaltet sich teilweise schwierig, da es sehr steil bergauf geht. Festes Schuhwerk ist Pflicht in dem Naturschutzgebiet. Insbesondere, wenn es nass oder feucht ist, wird es auch mal rutschig. Doch der Weg lohnt sich: Bereits auf der Route zum Gipfel zeigt sich die Vergangenheit der Erhebung in Form von Basaltwänden. Diese einzigartigen Gebilde sind besonders faszinierend und lassen Geologenherzen mit Sicherheit höherschlagen.

Mit kurzen Verschnaufpausen kämpft man sich weiter, hinauf aufs Plateau – und wird prompt belohnt. Von hier aus bietet sich ein

Vom Gipfel des Oechsenberges erstreckt sich der Blick auf den Thüringer Wald, den Hohen Meißner, in die Hohe Rhön sowie auf das Hessische Kegelspiel.

wunderbarer Ausblick auf den Thüringer Wald, den Hohen Meißner sowie in die Hohe Rhön und auf das Hessische Kegelspiel. Mit Glück sind auch die Milseburg und die Wasserkuppe zu sehen. Hier lohnt es sich, eine kurze Pause einzulegen und den Blick, die Landschaft und die Ruhe in vollen Zügen zu genießen. Auf der östlichen Seite des Oechsenbergs geht es dann wieder hinunter, vorbei an der Paulinenquelle. Sie ist die einzige bekannte Quelle des einstigen keltischen Oppidums, von dessen Anlage heute noch Reste bestaunt werden können.

Nun wendet man sich wieder gen Westen, weg von Völkershausen, und läuft zielstrebig zur Goldenen Aue. Hier befinden sich das bei Liebhabern bekannte Keltendorf sowie das Keltenhotel. Es nimmt Interessierte mit auf die Reise in die Zeit der Kelten, gibt Einblicke in ihr Leben und ihre Kultur. Wer mag, kann hier im Restaurant des Keltenhotels bei einer

Rast vorzügliche »Keltenküche« genießen. Anschließend geht es zielstrebig weiter nach Sünna und zum Hirtenplatz zurück.

Tipp: Wer den Tag nach den Strapazen in der Thüringischen Rhön entspannt ausklingen lassen möchte, dem sei an dieser Stelle ein Besuch in Vacha empfohlen. Es gilt als echter Geheimtipp für Liebhaber historischer Städte und hat mit seiner Grenzgeschichte und der Burg Wendelstein viel zu bieten.

Hin & weg: Parkmöglichkeit am Hirtenplatz in Sünna; Bushaltestelle Sünna.

Dauer & Strecke: 2,5–3 Std. (ohne Einkehr), etwa 10 km.

Beste Zeit: Frühjahr bis Herbst.

Ausrüstung: Festes Schuhwerk, Kondition.

FAZIT: EIN KURZER AUSFLUG, DER EINEN FIT HÄLT UND EINES DER AUßERGEWÖHNLICHSTEN PANORAMEN BIETET, DIE MAN IN DER RHÖN ERLEBEN KANN.

DIE PERLE DER RHÖN

 ... auf die Milseburg

Die Milseburg bietet ein wahres Naturschauspiel. Die Trapezform aus Basaltsteinen macht sie zu einem der beliebtesten Berge der Rhön. Die Süd- bis Ostseite fällt in einem riesigen, steilen Felsen ab, der durch die Bewaldung rundum besonders hervorsticht.

#Riesen #Kuppenrhön #keineBurg #Felsabgang #markanterBasaltfelsen

Immer wieder sprießen farbenfrohe Blumen zwischen der steinigen Landschaft empor.

Ausgangspunkt für die Tour ist der Parkplatz der Milseburg, der auch für zahlreiche andere Wanderwege den Startpunkt vorgibt. Der Weg grenzt in den Wald hinein und zeigt schon auf den ersten Metern, wie beeindruckend die Natur sein kann. Überall große und kleine Felsen, Wurzeln, die aus der Erde ragen, Blumen, die zwischen den Steinen sprießen, und rundherum Vogelgezwitscher, das durch die Bäume hallt. Auf dem gesamten Rundgang stehen immer wieder Lehrtafeln, die über die Natur, die Geschichte der Erhebung und ihre

Vergangenheit mit den Kelten und vieles weitere informieren. Für die eine oder andere kleine Verschnaufpause gibt es mehrere Sitzgelegenheiten rund um den Wanderweg. Es lohnt sich also, seine Liebsten und ein Picknick einzupacken und die schönen Aussichten rund um die Milseburg einzufangen und das Naturschauspiel zu genießen.

Der Berg verdankt seinen Namen übrigens einer alten Sage: Zur Zeit der christlichen Glaubensboten soll dort ein Riese namens

Mils gelebt haben. Er habe mit dem Teufel sein Unwesen getrieben und wollte nicht, dass sich die Menschen taufen ließen. Da soll sich der Heilige Gangolf mit seinen Rittern aufgemacht haben, um den Riesen zu bezwingen. Als die mutigen Retter zur Felsenburg stürmten, habe sich der Riese aus lauter Angst und Verzweiflung selbst das Leben genommen. Der Teufel soll ihn daraufhin unter einem gewaltigen Berg aus Steinen, der heute die Milseburg bildet, begraben haben. Dem Heiligen Gangolf dagegen wurde für seine heldenhafte Tat eine Kapelle gewidmet, die den Gipfel der Milseburg ziert. Neben der Kapelle befindet sich eine Kreuzigungsgruppe aus dem Jahr 1756.

Am Gipfel angekommen, belohnt einen die mit 835 Metern höchste Erhebung der Kup-

penrhön mit einem sagenhaften Panoramablick. Bei schönem Wetter entdeckt man die Wasserkuppe, genießt einen herrlichen Blick in das Biosphärenreservat Rhön und erkennt die eine oder andere angrenzende Ortschaft. Hier lässt sich gleich der nächste Ausflug durch das Land der offenen Fernen planen, bevor der Abstieg angetreten wird. Warum nicht mal das nahe gelegene Malerdorf Kleinsassen, das ebenfalls von der Milseburg aus sichtbar wird, besuchen? Oder doch mal die Segelflieger auf der Wasserkuppe bestaunen?

Leider ist die Schutzhütte auf dem Gipfel zurzeit geschlossen, sie soll aber in den nächsten Jahren wieder eröffnen. Dann können Wanderer ihre Energiereserven wieder hier aufladen – nach dem anspruchsvollen Aufstieg durchaus gerechtfertigt.

Oben angekommen, befindet sich neben der Gangolfskapelle der höchste Punkt der Milseburg. Von dort aus hat man eine beeindruckende Aussicht – bis hin zur Wasserkuppe.

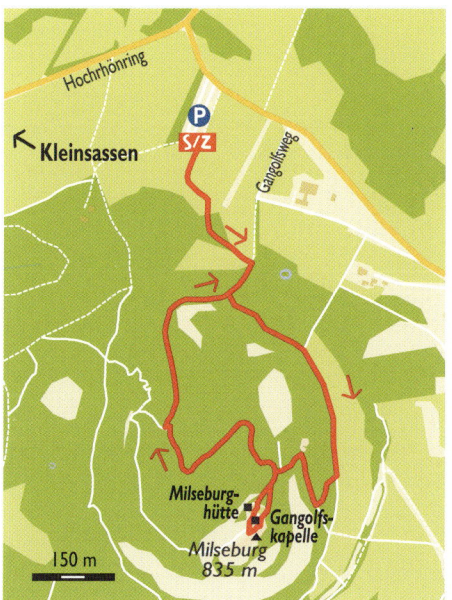

Hin & weg: Parkplatz Milseburg, Hofbieber; Bushaltestelle Milseburg Parkplatz.

Dauer & Strecke: 1–2 Std., etwa 3 km.

Beste Zeit: Frühjahr bis Herbst.

Ausrüstung: Festes Schuhwerk.

SPORT ODER KEIN SPORT?

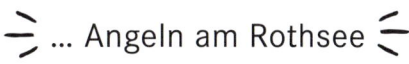

⋛ … Angeln am Rothsee ⋚

#15

Wer dem Anglerglück so richtig frönen und glückselig mit einem guten Fang nach Hause kommen möchte, der wählt am besten einen fischreichen See. Der Rothsee in der Nähe von Bischofsheim ist solch einer.

Hier gibt's am Ende des Tages mit Sicherheit keine traurigen Blicke, denn der Rothsee ist für umfangreiches Anglerglück bekannt. Doch Obacht, dieses ist auf drei Fische begrenzt!

Der deutsche Dichter Gottfried Benn schrieb einmal: »Angeln ist die einzige Form von Arbeit ohne Tätigkeit.« Hat er Recht, oder ist es doch vielmehr Sport? Wie auch immer – eins steht fest: Angeln ist alles andere als langweilig und spießig, es kann sogar sehr entspannend sein. In dem Angelgewässer Rothsee wurden unter anderem Regenbogenforellen, Bachforellen und Karpfen nachgewiesen. Bis zu drei Fische dürfen mit einem

Wer dem Angeln nichts abgewinnen kann, spaziert um den See herum – ein Naturlehrpfad und der Schaustollen sind mindestens genauso spannend wie Fische.

Tagesschein gefangen werden. Auch wenn der idyllisch gelegene Weiher einen hohen Fischbestand aufweist, ist das keine Garantie, einen schnellen Fang zu machen. Doch je länger der Angelspaß dauert, desto entspannter fühlt man sich. Denn was macht man, während man darauf wartet, dass ein Fisch anbeißt? Richtig: nichts. Und so kommt die Erholung fast automatisch, eine nette Begleiterscheinung quasi.

Es gibt wirklich schlimmere Orte, um mal ein paar Stündchen nichts zu tun. Um einfach in Ruhe zu verweilen, auf dem Anglerstuhl sitzen zu bleiben, ein Kaltgetränk zu sich zu nehmen. Eventuell noch ein, zwei Worte mit dem Gegenüber zu wechseln und dabei auf die nächste Forelle zu warten. Der Rothsee ist ein Kleinod mitten im Wald. Gepflegt wird er vom Angel- und Sportverein Bischofsheim an der Rhön, die Mitglieder haben ihn damals sogar wieder »angelfähig« gemacht.

Mittlerweile ist der See nicht nur ein Anziehungspunkt für Angler, sondern auch für zahlreiche Naturgenießer. Als Startpunkt von Wanderungen im Naturschutzgebiet Lange Rhön, aber auch einfach zum Picknicken auf der Wiese ist die Gegend rund um den See bestens geeignet. Und für diejenigen, die mit Angeln absolut gar nichts anfangen können, gibt es das Besucherbergwerk am Bauersberg. Der nur im Sommer geöffnete Schaustollen erzählt vom Basaltabbau in der Rhön, ein neun Kilometer langer Naturlehrpfad führt um den Berg herum und gibt weitere Auskunft zur geologischen Vergangenheit dieser herrlichen Ruheoase.

Tipp: Direkt am Rothsee befindet sich die Fischerhütte. Hier können zum einen die Angelscheine erworben, zum anderen aber auch richtig lecker Fisch gegessen werden. Übrigens: Das reichhaltige Frühstück wissen besonders die Frühaufsteher unter den Anglern zu schätzen.

FAZIT: OB SPORT ODER NICHT — ANGELN ENTSPANNT UND TUT DER SEELE RICHTIG GUT. DER ROTHSEE IST EIN IDEALES FLECKCHEN DAFÜR!

Hin & weg: Parkplatz am Rothsee, an der Hochrhönstraße in 97653 Bischofsheim an der Rhön.

Dauer & Strecke: Bis ein Fisch angebissen hat. Mit Naturlehrpfad und Schaustollen (ca. 9 km) wird hieraus ein Tagesausflug.

Beste Zeit: Mai bis Oktober, Angeln Mai bis August tgl. 7–20 Uhr, September, Oktober tgl. 8–19 Uhr. Angelscheine ab 8 Uhr in der Fischerhütte. Öffnungszeiten der Fischerhütte unter www.fischerhuette-rothsee.de

Ausrüstung: Angelausrüstung (nur Handangel, Blinker sind untersagt), gültiger Angelschein, Tages-Angelschein, Picknick.

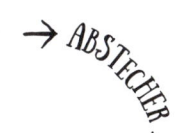

EINE LUSTIGE SEEFAHRT

⟩ … in Immelborn ⟨

#16

Eine Seefahrt, die ist lustig, eine Seefahrt, die ist schön … Diese Zeilen kommen einem ganz automatisch in den Sinn, wenn man sich im Sommer ein etwas anderes Vergnügen am Wasser gönnen will. Statt ins kühle Nass zu tauchen, einfach mal entspannt auf dem Wasser wandeln – beim Tretbootfahren.

Auf dem Gelände der Kiesgrube Immelborn lässt es sich herrlich entspannen. Wer nicht nur die Seele baumeln lassen will, begibt sich auf eine abenteuerliche Tretbootfahrt.

Unweit von Bad Salzungen in der Thüringischen Rhön liegt Immelborn. Die dortigen Badeseen sind durch Kiesabbau entlang der Werra entstanden und nicht zu übersehen. Der Name Kiesgrube Immelborn ist daher durchaus passend gewählt. Hier lässt es sich an zwei Seen, die durch eine Straße getrennt sind, schwimmen, relaxen oder eben Tretboot fahren. Beim Häuschen der Wasserwacht nach einem Bötchen gefragt, für die entsprechende Zeit bezahlt, und schon kann es losgehen: Zwei Personen treten das Wasser, zwei weitere können als Kadetten mit aufs Boot.

Vorsicht ist beim Draufsteigen und Hinsetzen geboten, denn das Boot schwankt gerne mal bei Ungleichgewicht. Da ist vor allem auch Nachsicht mit anfangs etwas ängstlichen Mitfahrern geboten. Hauptsache, niemand wird seekrank! Nachdem das Befestigungsseil gelöst und das Tretboot ausgeparkt ist, geht

Bis zu vier Personen können in einem Tretboot mitfahren. Wer nur wasserscheue Begleiter hat, kommt aber auch gut allein klar.

es entspannt übers Wasser. Je nach Tretgeschwindigkeit kann das Gefährt ganz schön Tempo aufnehmen. Der Strömung ist man zum Glück nicht schutzlos ausgesetzt: Über eine Lenkstange in der Mitte wird das Boot in die angepeilte Richtung manövriert. Das gleichmäßige Plätschern und Gluckern des Wassers sowie das immer mal wiederkehrende Quietschen der Pedale sorgen für Entspannung. Dazu noch die idyllische Atmosphäre um den See herum, und schon beginnen die Gedanken abzuschweifen. Da auch die Beine hin und wieder eine Pause brauchen, darf das Tretboot auch gerne mal etwas auf dem Wasser treiben. In Badeklamotten auch eine tolle Variante zum Sonnen! Das machen die meisten Besucher ohnehin auf der umliegenden Liegewiese, die sogar einen FKK-Bereich hat – damals übrigens der erste in Thüringen überhaupt.

Doch alles Schöne hat leider mal ein Ende, und die letzte Herausforderung nach der lustigen Seefahrt steht an: rückwärts einparken am Ufer. Hier dürfen es gerne mehr als drei Züge sein. Auch beim Aussteigen ist wieder Vorsicht geboten, um nicht unfreiwillig baden zu gehen – das Boot schwankt!

Tipp: Es lohnt sich, die gepflegte Anlage rund um die zwei großen Baggerseen mit ihrem Angebot genauer zu erkunden. Mit Baden und Entspannen am See wird aus der Seefahrt ein gelungener Tagesausflug.

Hin & weg: Parkmöglichkeiten direkt bei der Anlage, An den Badeseen 1, 36456 Immelborn; Bushaltestelle Barchfeld, Ortsmitte, Zug Bahnhof Immelborn.

Dauer: Etwa 1–2 Std. oder so lange, wie man möchte.

Beste Zeit: Mai bis September.

Ausrüstung: Geld fürs Tretboot (Öffnungszeiten und mehr unter www.kiesgrube-immelborn.de), Handtuch, Sonnenschutz.

FAZIT: TOLLER WASSERSPAß, DER ENTSPANNT UND GLEICHZEITIG DIE BEINE TRAINIERT.

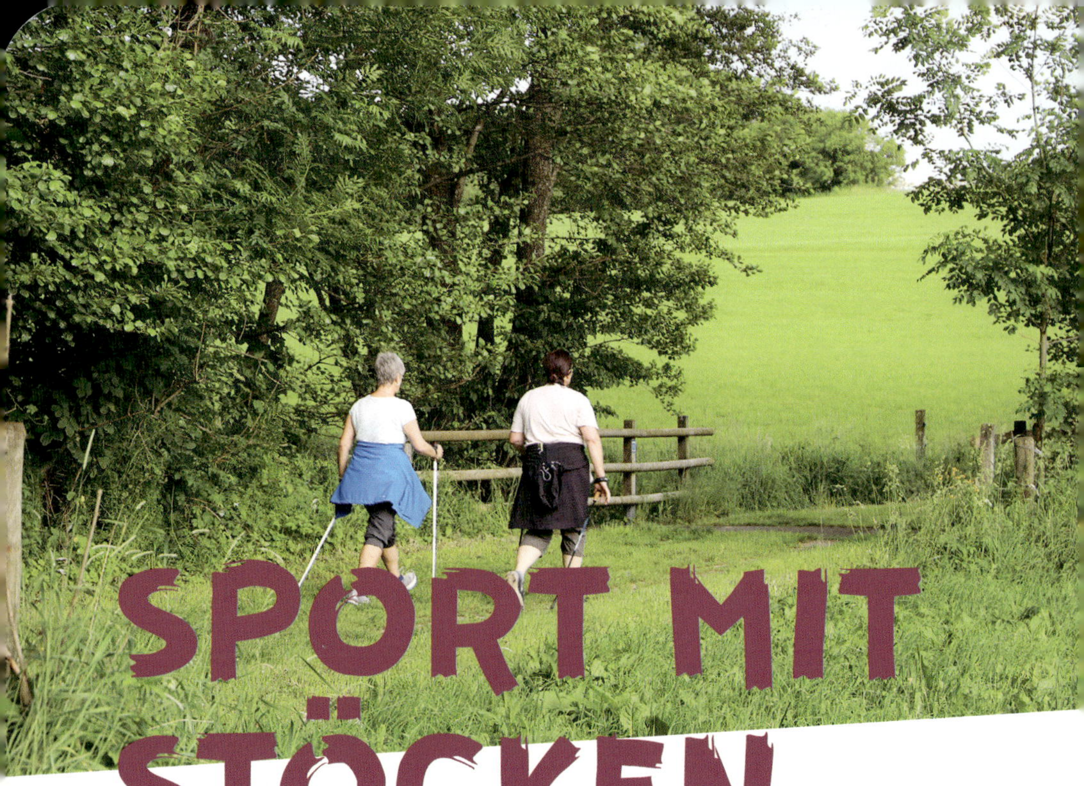

SPORT MIT STÖCKEN

… im Nordic-Walking-Panorama-Park Poppenhausen

#17

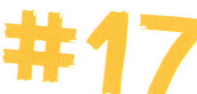

Bei Sport mit Stöcken ist nicht vom Skifahren die Rede. Das Ganzkörpertraining heißt Nordic Walking und hat viele Vorteile: höherer Energieverbrauch, Fettverbrennung und schnellere Steigerung der Kraft- und Ausdauerfähigkeiten. Die traumhaften Blicke im Panorama-Park sind das i-Tüpfelchen bei dieser Eskapade.

#sporteln #Training #Naturschauspiel #Hessen #fürSkihatesnichtgereicht

Traumhaftes Panorama: Der markante Pferdskopf wird von Gleitschirmfliegern gern als Startpunkt genutzt.

In Poppenhausen (Wasserkuppe) erwartet alle Liebhaber des Stöckesports ein schöner Panorama-Park mit drei verschieden Nordic-Walking-Rundstrecken, die entsprechend mit Walking-Männchen in Grün, Blau oder Rot gekennzeichnet sind. Start aller Touren ist der Parkplatz am Freibad/Sportplatz. Wer nur wenig Zeit hat und dennoch nicht auf die sportliche Betätigung verzichten möchte, der hält sich an die grüne, etwa 2,5 Kilometer lange Strecke. Am Freibad und Sportplatz vorbei, geht der Kiesweg bald in einen wei-

chen Wiesen- oder Feldweg über. Hier immer im Blick: die Wasserkuppe mit dem Radom. Wer Glück hat, sieht vielleicht den einen oder anderen Segelflieger am Himmel.

Der Weg führt aus Poppenhausen hinaus, weg von Autos, hinein in die Natur. Die Route ist weitestgehend eben, nur wenige leichte Steigungen machen einen beherzten Eingriff der Stöcke nötig. Immer wieder sind Tafeln entlang der Tour aufgestellt, die eine spezielle Trainingsübung darstellen. Warum neben der

Ausdauer nicht auch noch ein wenig Kraft trainieren? Weiter geht's an der Lütter entlang, durch ein kleines Wäldchen hindurch, über eine kleine Brücke, die sich über den Fluss spannt, ins offene Feld. Und schon ist man mittendrin – im Lüttergrund. Hier reicht der Blick weit, nur wenige Bäume stören den Fernblick. Stattdessen geht es im Gleichschritt weiter: linke Hand, rechter Fuß, rechte Hand, linker Fuß. Schnell ist ein angenehmer Laufrhythmus gefunden, der auch nicht durch den ansteigenden Kiesweg unterbrochen werden kann. Etwa nach der Hälfte der kleinen Runde wird die Bedeutung Panorama-Park verständlich, denn die Rhön als Land der offenen Fernen kommt hier nun voll zur Geltung: Hinten der markante Pferdskopf, vorne dran und immer fest im Blick der Ebersberg

mit der herausragenden Ruine Ebersburg – mit die bekanntesten Vertreter im hessischen Teil der Rhön.

Weg von Autos und Straßen und in die Natur des Nordic-Walking-Panorama-Parks Poppenhausen eintauchen. So lässt sich sportliche Aktivität in vollen Zügen genießen.

Es wird weitermarschiert, das offene Feld und der Lüttergrund hinter sich gelassen, der Weg führt geteert wieder in den Ort hinein, an der anderen Seite des Sportplatzes vorbei. Einige

Urlauber entspannen in ihren Campingstühlen auf dem Wohnmobil-Stellplatz und bilden einen Kontrast zu der eigenen sportlichen Betätigung, ehe die Route einen Bogen macht und wieder zum Startpunkt der Nordic-Walking-Tour führt. Tiefe Zufriedenheit durchströmt den ganzen Körper – denn man hat sich nicht nur sportlich betätigt, sondern ist gleichzeitig auch als Naturliebhaber voll auf seine Kosten gekommen.

Hin & weg: Parkplatz am Freibad, Sebastian-Kneipp-Weg, 36163 Poppenhausen (Wasserkuppe); Bushaltestelle Poppenhausen, Wallweg.

Dauer & Strecke: 0,5–2,5 Std., 2,4–10 km. Macht man die Nordic-Walking-Übungen, ist man länger unterwegs.

Beste Zeit: Ganzjährig möglich, im Winter ist entsprechende Vorsicht geboten.

Ausrüstung: Laufoutfit, Nordic-Walking-Stöcke. Wer selbst keine Stöcke zur Hand hat, kann sich in der Tourist-Information von Poppenhausen, Von-Steinrück-Platz 1A, ein Paar ausleihen. Öffnungszeiten unter www.poppenhausen-wasserkuppe.de/de/kontakt-tourismus.html

> **FAZIT: ZUR RUHE KOMMEN, DIE NATUR GENIESSEN UND SICH SPORTLICH BETÄTIGEN. ALL DIES IST IM NORDIC-WALKING-PANORAMA-PARK POPPENHAUSEN MÖGLICH.**

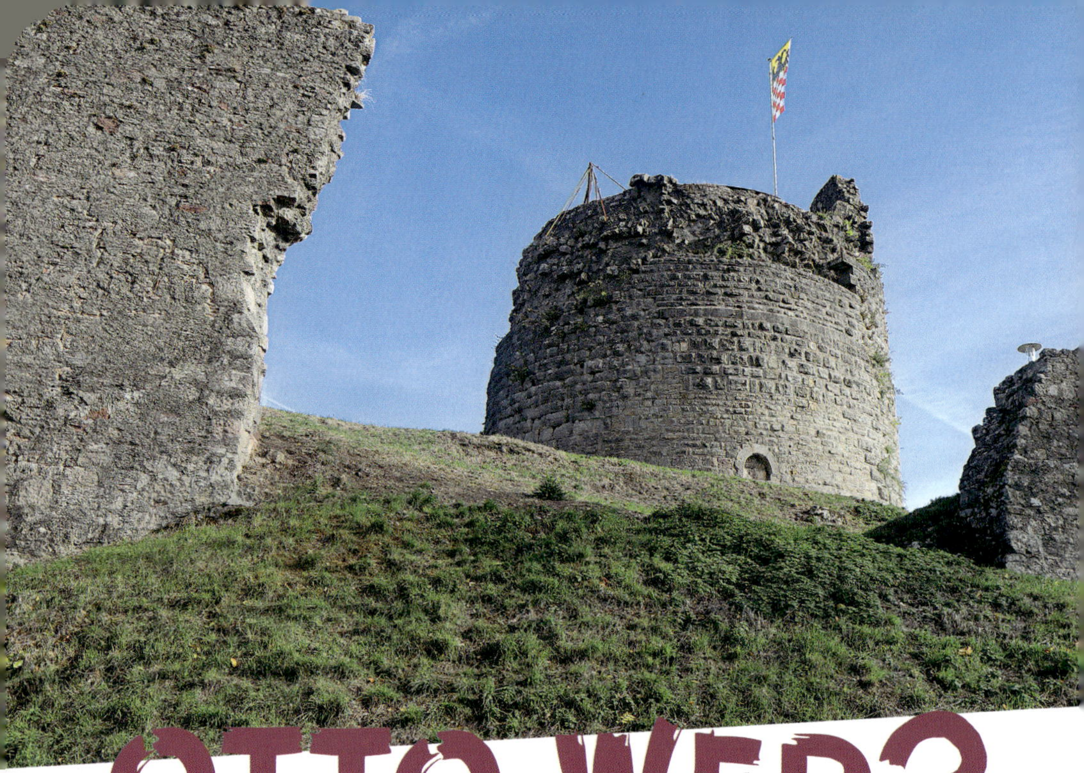

OTTO WER?

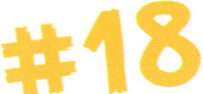

... zur Ruine von Burg Botenlauben

#18

Spuren des Mittelalters finden sich in der Rhön einige. Doch nicht viele verbinden sich so ideal mit einem wunderbaren Naturerlebnis wie die Ruine von Burg Botenlauben in der Nähe von Bad Kissingen. Der Wohnsitz des Minnesängers Otto von Botenlauben thront eindrucksvoll über der Kurstadt.

#hochoben #Zeitreise #Auszeit #Minnesänger #bunterHerbst

Im Herbst, wenn sich die Blätter gelb und rot färben, ist der Weg zur Burgruine besonders schön.

Otto wer? Otto I., der vor Bezug seiner Erbburg Graf Otto von Henneberg hieß und zum Adelsgeschlecht der Henneberger gehörte, machte sich mit dem Kreuzzug Kaiser Heinrichs VI. im Heiligen Land Palästina einen Namen. Er gründete mit seiner Frau Beatrix das Kloster Frauenroth und unterhielt die Bevölkerung mit seinen Liedern und Texten. Manch einer behauptet sogar, dass man diese noch heute an der Ruine wahrnehmen könne. Wer sich davon selbst überzeugen möchte, beginnt seine Tour an der Tourist-Information

Arkadenbau in Bad Kissingen. Von hier führt ein Rundweg zur Burgruine. Die Route ist mit den Buchstaben RB gekennzeichnet.

Der entspannte Spaziergang führt zunächst durch den schönen Kurgarten der unterfränkischen Stadt. Vorbei am Rakoczy-Denkmal, das der bekanntesten Heilquelle der Kurstadt gewidmet ist, muss man den Weg in Richtung Bahnhof einschlagen. Am jüdischen Friedhof entlang und über den Ostring geht es hinaus aus der Stadt. Ab hier beginnt nicht nur die

Vor allem die zwei Türme der Ruine bieten einen wunderbaren Blick auf Bad Kissingen und ins Saaletal.

Beschilderung des Rundwegs, sondern auch das Naturerlebnis für die Sinne. Im Herbst von wunderbar bunten Bäumen umgeben, geht es recht steil hinauf. Immer wieder schweift der Blick hinab auf die Stadt und dann wieder hinauf – den Bergfried der Ruine Botenlauben immer fest im Blick. An der Burganlage angekommen, überkommt einen Erstaunen. Den Anblick muss man erst einmal auf sich wirken lassen. Viele Teile der Anlage sind noch recht gut erhalten, vor allem die zwei Türme, von denen sich ein herrlicher Blick über Bad Kissingen und hinein ins Saaletal erstreckt. Einen tiefen Atemzug nehmen, die Atmosphäre auf sich wirken lassen, dann vernimmt man vielleicht tatsächlich leise Klänge und eine Stimme: »Ich trage Fesseln, die kein Blick kann schauen. Bezwungen haben sie mir Herz und Sinne, ihr holder Reiz ist schuld, daß andere Frauen mich zeihn, ich übe nicht die

Rechte Minne. Doch der Liebe pflege ich nur zu einem Weibe ...«

Zurück in der Gegenwart geht es serpentinenmäßig und recht steil hinab zum Ballinghain, einer mit Bäumen wie Fichten, Buchen, Birken und Eichen angelegten Parkanlage. Hier treibt der Herbst ebenso sein buntes Farbspiel. Was sich hier anbietet, liegt auf der Hand: die Blätter aufwirbeln, sich munter im Kreis drehen, wieder Kind sein und den Herbst genießen, alle Sorgen vergessen. Der Rundweg führt weiter zur Wild- und Strauchrosenpromenade. Hier finden sich die unterschiedlichsten Arten der »Königin der Blumen«. Bevor es zurück zum Kurgarten geht, lädt die Lindesmühlpromenade mit seinen Cafés und kleinen Läden zum entspannten Schlendern ein. Danach läuft man durch den prachtvollen Kurgarten wieder zurück zur Tourist-Information.

Nach dem Spaziergang sollte man sich die Erkundung Bad Kissingens mit seinem Kurpark nicht entgehen lassen.

Tipp: Von der Ruine aus lässt sich bei einem kleinen Picknick auch hervorragend der Sonnenuntergang beobachten.

FAZIT: DER SAGENHAFTE AUSBLICK IST ES IMMER WERT, SICH AUF DEN WEG HINAUF UND AUF DIE KLEINE REISE INS MITTELALTER ZU MACHEN.

Hin & weg: Kostenloser Parkplatz In der Au in Bad Kissingen; Bushaltestelle Theresienstraße, Bad Kissingen.

Dauer & Strecke: 1–2 Std. (reine Gehzeit), 4,5 km.

Beste Zeit: Ganzjährig, im Frühjahr/Sommer sehr blütenreich, im Herbst schön bunt.

Ausrüstung: Eventuell Picknickkorb und Decke.

GROßE GAUDI

≥ … auf dem Ellenbogen ≤

#19 Früher ein Arbeitsgerät der Rhöner zum Transport von schweren Lasten durch den Schnee, heute eines der beliebtesten Wintersportgeräte: Auf Thüringens zweithöchster Erhebung saust der Schlitten regelmäßig durch den Schnee, begleitet von lachenden und jubelnden Stimmen – von jung ebenso wie von alt.

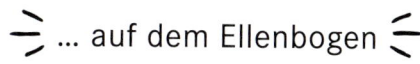

#Schneespaß #Rodeln #Thüringen #Winterparadies

Da wird jeder wieder zum Kind: Dick in einen Schneeanzug eingepackt und einen Schlitten in der Hand, geht
es den Hang hinauf.

gen – da überfällt einen das Verlangen, sofort mitzumachen. Gesagt, getan: Nur noch
schnell den Schlitten ausrichten, und los geht
der wilde Ritt hinab. Dabei nimmt der Schlitten ziemlich Fahrt auf. Der Windschatten von
anderen Wintersportlern ist hier eher herum-
fliegender Schnee, der auch gerne mal ins vor
Freude erhitzte Gesicht fliegt.

Doch das Vergnügen ist eigentlich nur kurz.
Das weitere Vorgehen ist schnell klar: Nochmal! Hier wird jeder wieder zum Kind, stapft
grinsend und fröhlich juchzend durch den
Schnee erneut hinauf in Richtung Aussichtsplattform. Oben angekommen, ist auch
schnell eine kleine Schneeballschlacht ange-
zettelt, schließlich soll hier jeder Spaß haben.
Apropos: Auf der anderen Seite des Berges
liegt die Gaudirutsche. Hier geht es auf großen Snowtubes – einer Art überdimensionaler
Lkw-Reifen – auf einer präparierten Strecke
hinab. Das ist noch mal ein völlig anderes Erlebnis, als den Berg auf einem Schlitten hi-
nabzusausen, und qualifiziert den Ski- und
Rodelpark allein deshalb eigentlich schon für
einen Besuch. Wer sich zwischendurch aufwärmen will, der genießt im Eisenacher Haus
eine Tasse einzigartige leckere heiße Schoko-
lade und sammelt neue Kräfte für die nächste
Schlittenabfahrt.

Im Mittelgebirge im Herzen Deutschlands gibt
es viele Möglichkeiten, um Abenteuer mit
dem Schlitten zu erleben. Der Ellenbogen ist
ein besonderer Platz zum Rodeln in der Rhön,
ohne zu überlaufen zu sein. Auf dem Weg ist
das Ziel bereits von Weitem sichtbar: Die Aussichtsplattform Noahs Segel bietet einen
atemberaubenden Panoramablick über das
Land der offenen Fernen. Die 84 Stufen zu
erklimmen, bevor der eigentliche Spaß los-
geht, ist sehr zu empfehlen. Von hier aus
blickt man in die Weiten der Rhön nach Hessen, Bayern und Thüringen hinein.

Die richtige Gaudi steigt aber am Fuße des
21 Meter hohen Turms: Schlitten, Bobs,
Schneerutscher und sogar Tüten werden la-
chend den Berg hinaufgezogen oder -getra-

Tipp: Je nach Wetterlage lässt sich vom Ellenbogen aus auch der Sonnenuntergang besonders gut beobachten. In Kombination mit der
wundervollen Fernsicht in die Weiten der
Rhön ein romantischer Abschluss für einen
Tag voller Spaß und ganz viel Glück.

Ein besonderes Highlight ist das Rodeln kurz vor der Abenddämmerung, dann kann man gleichzeitig einen wunderschönen Sonnenuntergang in der Rhön genießen.

FAZIT: OB GROß, OB KLEIN, EIN WINTER-PARADIES MIT SPIEL, SPAß UND ACTION FÜR JEDERMANN.

Hin & weg: Kostenloser Parkplatz vor dem Hotel Eisenacher Haus, Eisenacher Haus 1 (ehemalige Frankenheimer Str. 84), 98634 Erbenhausen.

Dauer: Je nach Ausdauer 2–4 Std., mit Romantik bei Sonnenuntergang und ausgedehnter Pause auch länger.

Beste Zeit: Winter, bei genügend Schnee (Informationen und Preise der Gaudirutsche unter www.noahs-segel.de/winterwelten).

Ausrüstung: Schneeklamotten, feste Schuhe, Schlitten.

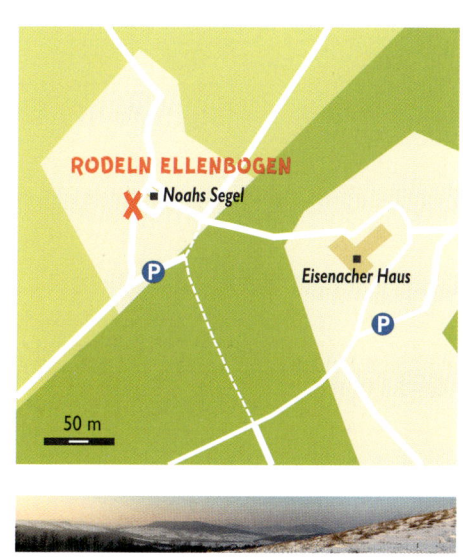

RODELN ELLENBOGEN

■ Noahs Segel

Eisenacher Haus

50 m

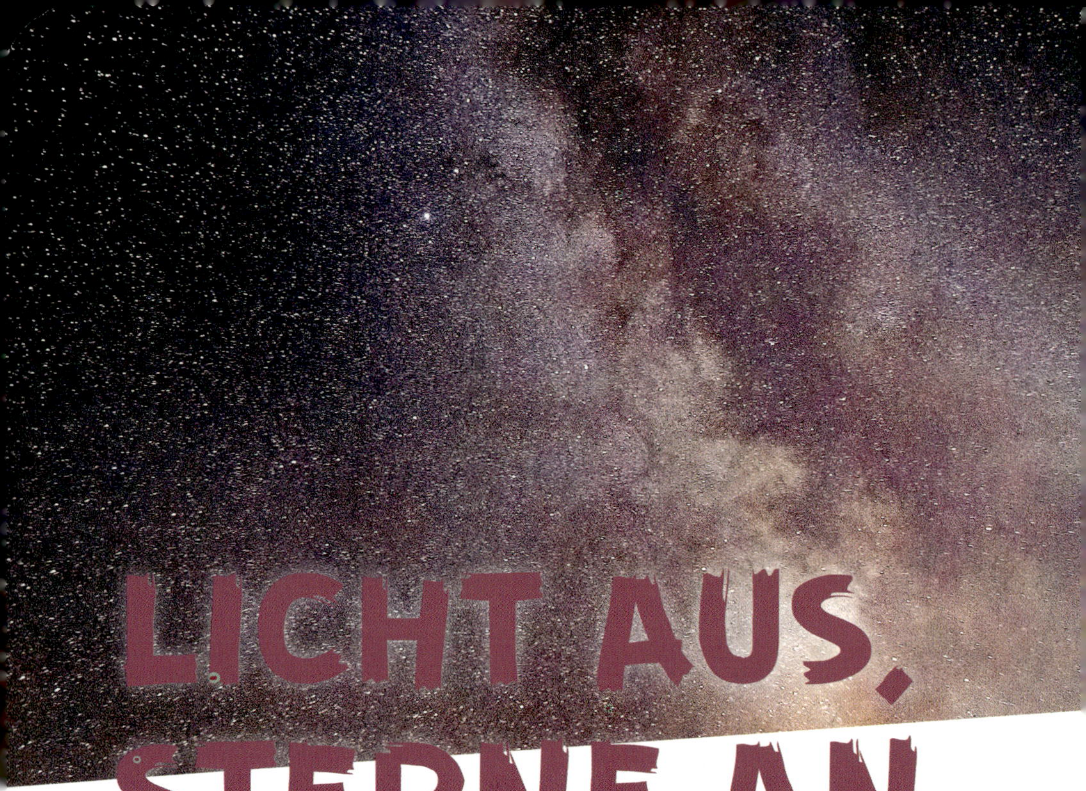

LICHT AUS, STERNE AN

... im Sternenpark Rhön

#20

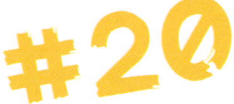

Nachts, wenn es dunkel ist, sich zu zweit auf einer Decke ausstrecken und die Sterne beobachten. Was gibt es Romantischeres? Allerdings trübt Lichtverschmutzung das Erlebnis häufig. Anders ist dies in der Rhön, denn sie ist der größte Sternenpark Deutschlands und kämpft gegen die Lichtverschmutzung.

#ichsehdenSternenhimmel #Romantikpur #niedermitderLichtverschmutzung

Als Sternenpark bietet die Rhön besonders gute Bedingungen zum Sternegucken.

→ ABSTECHER

An vielen Sterneguckerplätzen in allen drei Bundesländern kann man die Himmelskörper bestaunen – ohne Teleskop oder sonstige Hilfsmittel. So lernt man beispielsweise Wasserkuppe, Hohe Geba, Weidberg, Rotes Moor, Schwarzes Moor oder die Schwarzen Berge von einer ganz anderen Seite kennen. Möchte man eine romantische Sternenguckernacht planen, sollte man sich zuerst informieren, wann die Sonne untergeht. Etwa eineinhalb Stunden später kann man seine Exkursion beginnen, denn dann ist der Himmel tiefdunkel. Am deutlichsten sind die Sterne erkennbar, wenn der Mond untergegangen ist. Da sich je nach Jahreszeit unterschiedliche Sternbilder am Himmelszelt zeigen, gehört eine entsprechende Sternenkarte, die die Himmelsausschnitte je nach Jahreszeit in Richtung Süden aufzeigt, immer in den Sternegucker-Rucksack. Um diese dann auch lesen zu können, sollte außerdem eine Rotlicht-Taschenlampe nicht fehlen.

Wenn die Sonne untergegangen ist, malen die Sterne schon bald atemberaubende Bilder in den Rhöner Himmel.

Gut ausgerüstet, heißt es dann auf eine Decke gelegt, Licht aus und Sterne an: Der hellste Stern am Himmelszelt, Sirius, ist schnell entdeckt. Er sollte aber nicht mit der Venus verwechselt werden, die im Vergleich noch um einiges heller strahlt. Von hier schweift der Blick fasziniert durch die Nacht. Und noch ein alter Bekannter wird sichtbar: der Große Wagen, der immer etwas an einen Bollerwagen erinnert. Wer keinen Kompass zur Hand hat, kann sich am Polarstern orientieren. Da er nahe dem Nordpol des Himmels steht, lässt sich die nördliche Richtung an ihm feststellen.

Die Zeit vergeht rasend schnell. Man ist gefangen von dem faszinierenden Anblick des Kosmos, taucht ein in die unendlichen Weiten, fühlt sich dabei selbst ziemlich klein und doch behütet. Der Blick wandert prüfend über die Sternenkarte und wieder zurück zum Himmel. Da! Die Freude ist jedes Mal groß, wenn das gesuchte Sternbild entdeckt wird. Und nachdem sich die Augen erst einmal etwas an die Dunkelheit gewöhnt haben, ist es ein simples, aber umso beeindruckenderes Vergnügen, das so nicht an vielen Orten möglich ist. Mit der Rotlicht-Taschenlampe als angenehme Lichtquelle lässt sich die Sternbeobachtung mit einem romantischen Picknick verbinden. Wer nicht frieren möchte, der nimmt sich einen Schlafsack mit und kuschelt sich hinein. So möchte man am liebsten die ganze Nacht verbringen. Warum eigentlich nicht? Denn wie heißt es so schön? Lieber 1000 Sterne am Himmel als fünf an der Hoteltür.

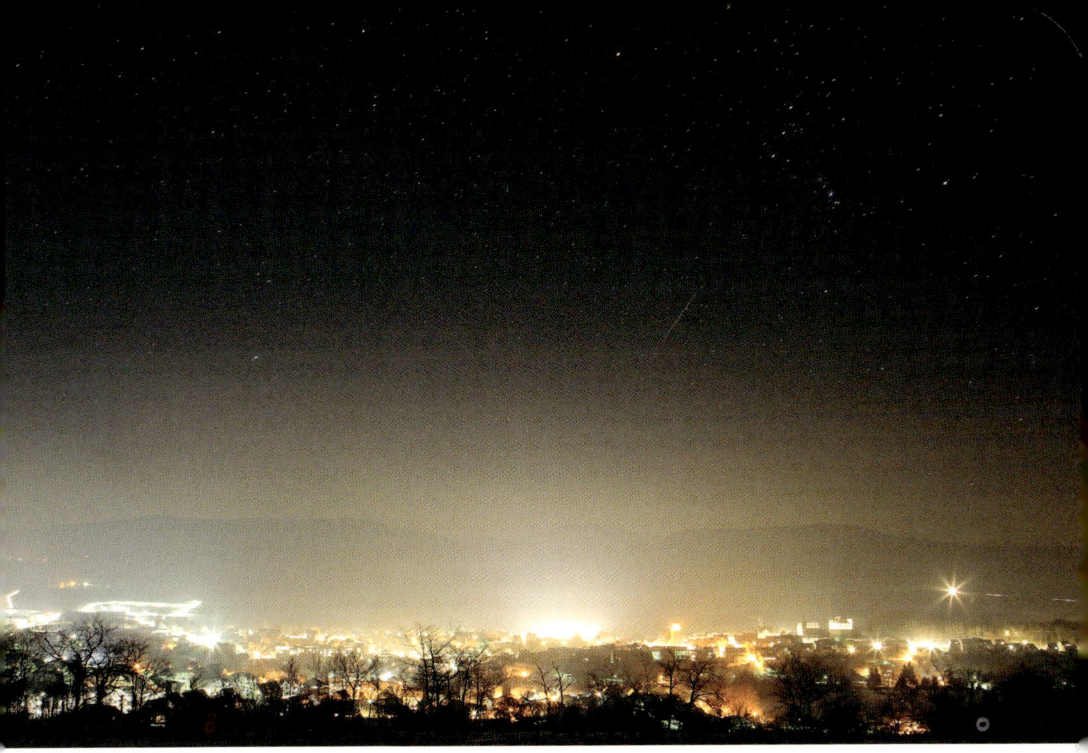

Leider sorgt Lichtverschmutzung an vielen Orten häufig dafür, dass die Sterne nur schwer zu erkennen sind.

Tipp: Wer sich absolut nicht mit den Sternen auskennt, für den bietet sich eine Sternenführung an, bei der Hobbyastronomen einem alles rund um die Sterne erläutern, näherbringen und zeigen. Mehr Informationen dazu gibt es auf www.sternenpark-rhoen.de

FAZIT: EIN ÜBERWÄLTIGENDES NATURSCHAUSPIEL IN DER RHÖN.

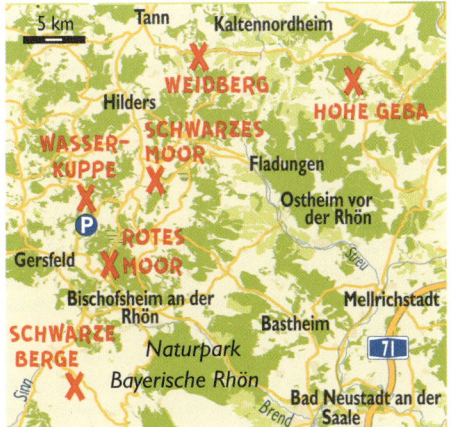

Hin & weg: Mit dem Auto zum entsprechenden Sterneguckerplatz, Parkmöglichkeiten sind überall vorhanden.

Dauer: So lange, wie man möchte.

Beste Zeit: Ganzjährig.

Ausrüstung: Sternenkarte, Decke, der Jahreszeit angepasste Kleidung, eventuell ein Schlafsack, um es besonders warm zu haben, eine Stärkung, eine Thermoskanne Tee, Rotlicht-Taschenlampe.

2. KAPITEL
AUSFLÜGE

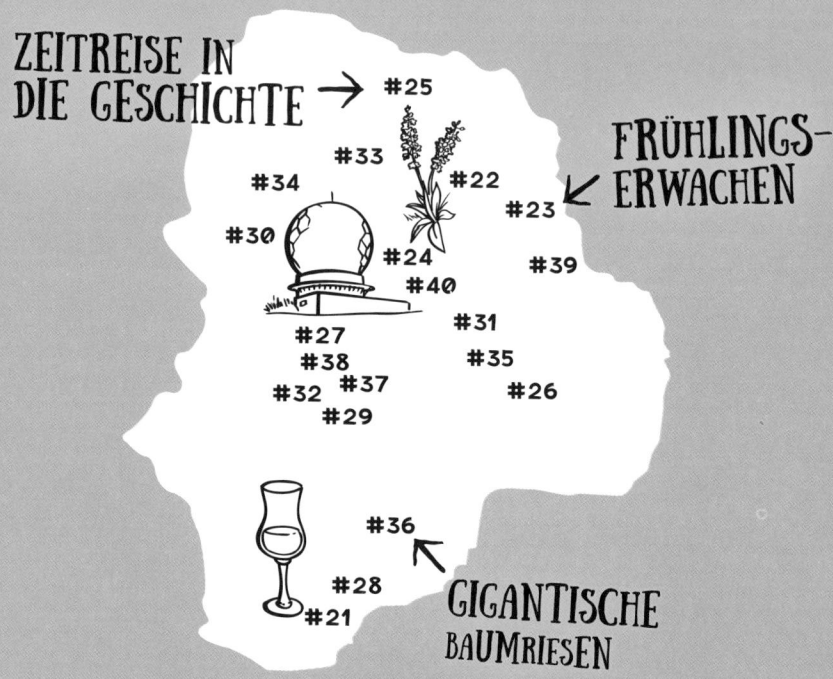

ZEITREISE IN
DIE GESCHICHTE →   #25

#33

#34   #22

#30   #23

#24

#40   #39

#27   #31

#38   #35

#32   #37   #26

#29

#36

#28

#21

FRÜHLINGS-
ERWACHEN

GIGANTISCHE
BAUMRIESEN

Raus für einen Tag

In die Welt der Kelten eintauchen, die einstige deutsch-deutsche Grenze erkunden oder den Robin Hood der Rhön kennenlernen – hier ist für jeden etwas dabei.

12 H

#21 ... auf dem Weinlehrpfad in Hammelburg — Seite 92
#22 ... auf dem Erlebnisweg Rhönpaulus — Seite 96
#23 ... im Forstbotanischen Garten in Wasungen — Seite 100
#24 ... auf dem Entdeckerpfad Hohe Rhön — Seite 104
#25 ... rund ums Keltendorf bei Sünna — Seite 108
#26 ... auf dem Ostheimer — Seite 112
#27 ... vom Guckaisee auf den Pferdskopf — Seite 116
#28 ... zwischen Trimberg und Hammelburg — Seite 120
#29 ... zwischen Himmeldunk- und Simmelsberg — Seite 124
#30 ... auf dem Milseburgradweg — Seite 128
#31 ... im Freilandmuseum Fladungen — Seite 132
#32 ... in Gersfeld — Seite 136
#33 ... zwischen Ost und West bei Point Alpha — Seite 140
#34 ... auf dem Kegelspielradweg — Seite 144
#35 ... Schwarzes Moor, Lange Rhön, Gangolfsberg — Seite 148
#36 ... auf dem Pfad der Baumgiganten — Seite 152
#37 ... in der Hohen und Langen Rhön — Seite 156
#38 ... um den Spielberg — Seite 160
#39 ... auf dem Meininger — Seite 164
#40 ... rund um das Schwarze Moor — Seite 168

IN DER THEORIE EIN WINZER

⇒ ... auf dem Weinlehrpfad in Hammelburg ⇐

#21

Franken und Wein gehören zusammen. Wo lässt sich dieser Einheit besser auf den Grund gehen als in der ältesten Weinstadt Frankens? Etwas abseits der Altstadt Hammelburgs lehrt ein ansprechender Weinlehrpfad alles, was der Weinliebhaber wissen muss.

Das Schloss Saaleck ist quasi die erste Station auf dem Weinlehrpfad und bietet viele Informationen zur Wiege des Frankenweins.

Der Weg startet am Franziskanerkloster Altstadt, wo ein Teil des Kapellenkreuzweges gleich zu Beginn das anstrengendste Stück markiert: 143 Treppenstufen warten darauf, erklommen zu werden. Es geht steil nach oben, vom Kloster hinauf zum Schloss Saaleck. Da leiden nicht nur die dargestellten Figuren! Oben angekommen und etwas außer Atem, wartet bereits das erste Schild mit Informationen zum Schloss und Hammelburg als Wiege des Frankenweins. Gleichzeitig verlocken Gaststätte und Weingut im Schloss zu

einer Rast. Es gibt aber nur eine kurze Verschnaufpause: Einige Male tief durchatmen und die Aussicht genießen – der Aufstieg soll sich ja gelohnt haben.

Der Beschilderung des Weinlehrpfads folgend, biegt die Route in einen Feldweg ein. Der Weg ist angenehm zu laufen, größere Steigungen gibt es nun nicht mehr. Vielmehr verläuft der Pfad eben oder leicht bergab. Dies ist ideal, um auf seine Umgebung zu achten und voll und ganz in die Geschichte des

Der Lehrpfad führt durch die Anbauflächen des Weinguts Lange Schloss Saaleck. Hier kann man unterschiedliche Trauben bewundern, die einmal zu verschiedensten Weinen verarbeitet werden.

Frankenweins einzutauchen. Ein wunderbar schattiger Waldweg führt um den Saalecker Schlossweinberg herum, der noch von einer historischen Weinbergsmauer aus dem Jahr 1748 umgeben ist.

Weiter geht es durch ein Waldstück, entlang des Truppenübungsplatzes. Hier ist es wichtig, auf dem vorgeschriebenen Weg zu bleiben, um nicht versehentlich in einen Schusswechsel zu geraten. Das Waltertal erstreckt

Ein Schlückchen in Ehren kann niemand verwehren: Wer sich für die Weinwanderung noch selbst Rebensaft einpackt, erlebt sie spannend und interessant.

sich hier – vor einem die Weinberge und ein wunderbarer Ausblick auf Obereschenthal. Der Pfad führt durch die Weinberge, begleitet von den Tafeln, die über die unterschiedlichen Arbeiten am Weinberg zu den Jahreszeiten sowie über Weinsorten informieren. Sollte ein Regenguss einen überraschen, bietet hier auch eine Schutzhütte Zuflucht. Sie eignet sich darüber hinaus auch für eine Rast.

Im Tal angekommen, dem Wegverlauf und der Beschilderung folgen. Nun geht es vorbei an Feldern und Wiesen wieder zurück zum Kloster Altstadt. Bei gewissenhafter Lektüre der Informationstafeln lernt man nicht nur Geschichtliches zu Hammelburg und seinen Bezug zum Wein, sondern wird selbst schon fast zum Winzer – zumindest in der Theorie. Wer nun noch den Wein im Schloss Saaleck probieren möchte, sei nochmals an den steilen Anstieg vom Anfang erinnert!

Anschließend geht es zur Hammelburger Altstadtrunde: ein gemütlicher Spaziergang, der nicht nur zahlreiche geschichtsträchtige Gebäude der Stadt wie das Rathaus oder das Kellereischloss zeigt, sondern auch auf unterhaltsame Weise Interessantes zur Bedeutung des Weins für die Stadt erzählt. Besonders lohnt sich übrigens ein Aufstieg auf den Baderturm. Er bietet einen wundervollen Blick über Hammelburg, die umliegenden Weinberge und das fränkische Saaletal. Damit die Verbindung von Hammelburg zum Wein auch geschmacklich nachvollzogen wird, ist eine Einkehr in eines oder mehrere der zahlreichen Weingüter quasi obligatorisch.

FAZIT: EIN RUNDUM ERLEBNISREICHER TAG VOLLER FANTASTISCHER EINDRÜCKE UND (WEIN-)GENUSS.

Hin & weg: Parkplatz am Kloster Altstadt oder Am Bleichrasen (weitere Parkmöglichkeiten unter www. hammelburg.de/parkplaetze); Bushaltestelle ZOB/ Turnhouter Str., Hammelburg.

Dauer & Strecke: Den ganzen Tag, Weinlehrpfad rund 6 km (www.weinlehrpfad.info), Altstadtrunde etwa 2 km (Flyer in der Touristinfo, Kirchgasse 4, erhältlich)

Beste Zeit: Frühjahr bis Herbst.

Ausrüstung: Festes Schuhwerk, eventuell Picknick samt Wein.

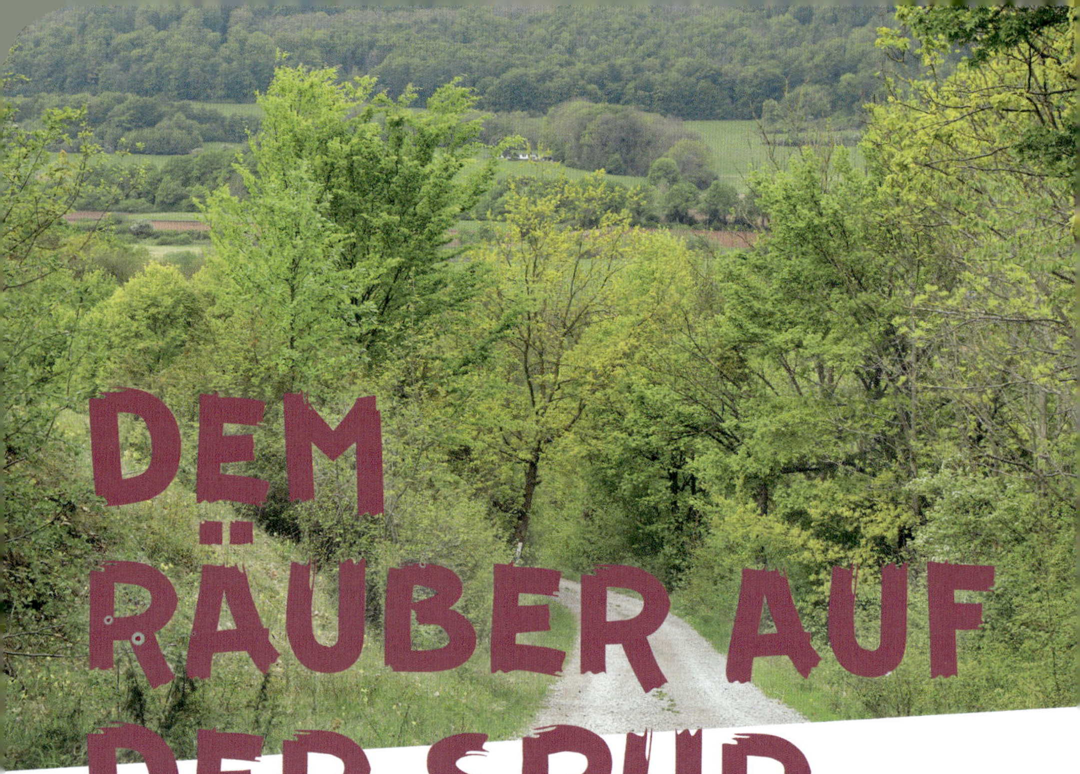

DEM RÄUBER AUF DER SPUR

… auf dem Erlebnisweg Rhönpaulus bei Dermbach

#22

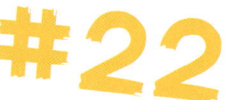

Südlich von Dermbach liegt einer der größten Eibenwälder Deutschlands, der Ibengarten. Durch diesen urwüchsigen Wald mit Eiben, die teilweise über 800 Jahre alt sind, führt der Erlebnisweg Rhönpaulus. Also nichts wie hinauf auf den Neuberg, zur Höhle des einstigen Robin Hoods der Rhön!

#RobinHood #Kämpfer #Ibengarten #Räuberhöhle #leckeresEis

Im Ibengarten, oberhalb von Glattbach, wartet der Robin Hood der Rhön auf neugierige Wanderer.

Die Reichen bestehlen und es dann den Armen geben? Das klingt ganz schön verdächtig nach Robin Hood. Während dessen Existenz bis heute nicht belegt ist, gab es in der Rhön aber tatsächlich einen Kämpfer für soziale Gerechtigkeit: den Rhönpaulus aka Robin Hood der Rhön aka Johann Heinrich Valentin Paul. Gelebt hat er Mitte des 18. Jahrhunderts und sich als uneheliches Kind, das seine Mutter im Alter von fünf Jahren verloren hatte, mit Wilddieberei und Diebstählen über Wasser gehalten. Dabei hat er niemals Bedürftige beklaut und Gewalt stets vermieden. Von seinem Erbeuteten gab er etwas an diejenigen, die noch weniger hatten als er.

Seine Höhle, in der er sich jahrelang versteckt hat, ist Ziel des Erlebniswegs. Dieser startet in Dermbach. Schon zu Beginn wartet ein hölzerner Rhönpaulus mahnenden Blickes auf die Besucher. Nach der Feldabrücke in Glattbach steigt der Weg langsam zum Ibengarten hinauf. Kurz vor dem Waldrand belohnt ein Aussichtspunkt den leichten Anstieg. Hier kann über orchideenreiche Kalkmagerrasen weit ins Feldatal geblickt werden. Und schon

Einer der größten Eibenwälder Deutschlands: Bis zu 800 Jahre alt sind manche Bäume. Der Rhönpaulus fand hier eine Menge guter Versteckmöglichkeiten.

wieder fühlt man sich beobachtet: Wer hat es sich auf der Sitzgruppe mit seinem Diebesgut gemütlich gemacht? Der Rhöner Held begleitet einen auf dem gesamten Weg zur Höhle. Viele Sagen und Legenden über ihn werden erzählt, zum Beispiel, wie er geschickt zu Geld kam. Oder wie er immer wieder den Husaren entkommen ist, die ihn eigentlich fangen wollten.

Bald umgibt den Wanderer dichter Buchenwald, und auch die ersten Eiben lassen nicht lange auf sich warten. Bis zu 800 Jahre alt sind sie. Der Ibengarten ist einer der größten zusammenhängenden Eibenwälder und bereits seit dem Jahr 1938 als Naturschutzgebiet ausgewiesen. Wie durch einen grünen Tunnel führt der Weg den Neuberg hinauf. Ob einen Räubersprachkurs, eine Zeitreise in die

Waldgeschichte, einen Salzsack oder Eibenglück und Eibensorgen – hier gibt es so einiges zu entdecken.

Eine wohlverdiente Rast auf einer der zahlreichen Bänke ist Pflicht. Dann führt eine Abbiegung nach links zum Endpunkt der Wanderung: der Höhle des Rhönpaulus. Leider ist das Versteck des Räubers weitgehend eingefallen – trotzdem kann hier die Ruhe und Abgeschiedenheit genossen und das Gefühl des Versteckseins nachempfunden werden. Denn wer Glück hat, begegnet keinem anderen Wanderer und ist ganz für sich allein. Der Rückweg führt über dieselbe Strecke den Neuberg wieder hinunter.

Tipp: Wer möchte, kann zurück in Dermbach einen Abstecher in die Rhöner Eismanufaktur

(Untere Röde 1, www.rhoener-eismanufaktur.
de) unternehmen. Hier wartet wirklich außergewöhnlich leckeres selbst gemachtes Eis auf
den durstigen und hungrigen Wanderer.

> **FAZIT: EINE SPANNENDE ENTDECKUNGS-
> REISE AUF DEN SPUREN DES ROBIN HOODS
> DER RHÖN.**

Hin & weg: Parkplatz in Dermbach unweit des
Busbahnhofs direkt an der B285 am Ortsausgang
Richtung Kaltennordheim. Mit dem Bus bis zum
Busbahnhof Dermbach.

Dauer & Strecke: Mit Besuch der Rhöner Eismanufaktur ein Tagesausflug, rund 7 km.

Beste Zeit: Frühling, Sommer, Herbst.

Ausrüstung: Festes Schuhwerk, Picknick.

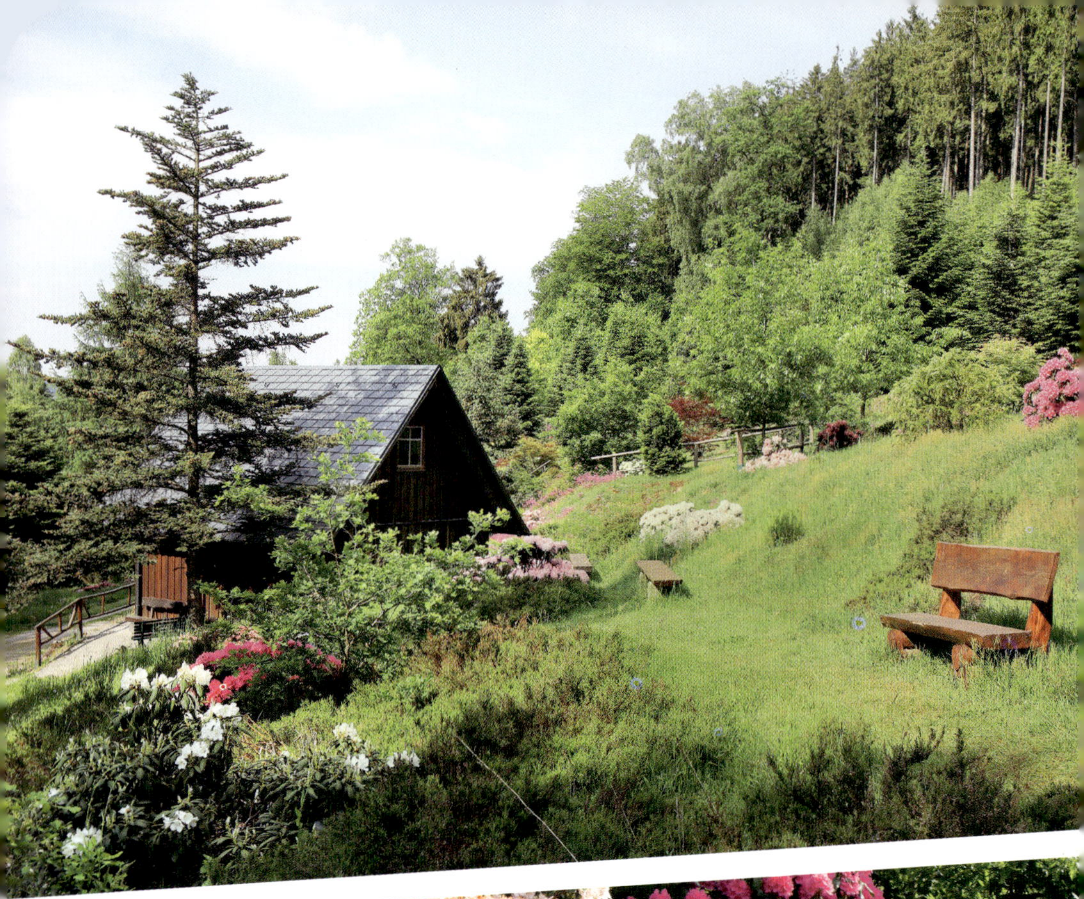

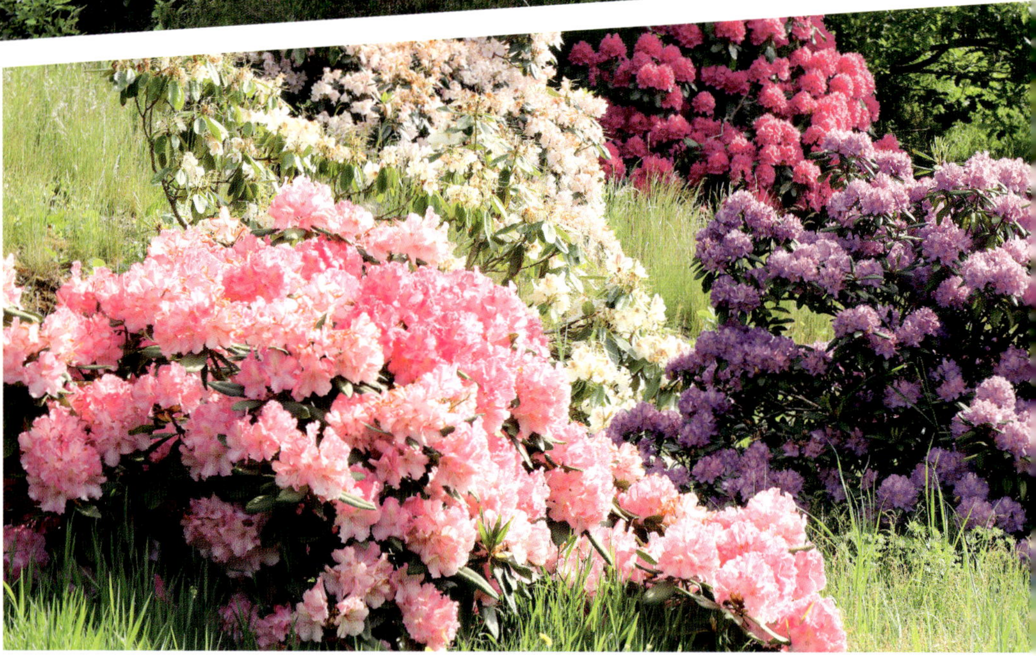

WINTER- SCHLAF ADÉ

 ... im Forstbotanischen Garten in Wasungen

Es gibt Orte, die der Seele guttun. Die irgendwie magisch sind, uns in ihren Bann ziehen. Die uns zeigen, dass die Welt an diesem Fleckchen Erde noch in Ordnung ist. Der Forstbotanische Garten in Wasungen ist solch ein Ort. Ganz besonders im Frühling, wenn alles so schön blüht.

Ein Rhododendron reiht sich an den nächsten, ein Strauch ist schöner und farbenprächtiger als der andere. Blütenglück pur!

Auf dem Weg durch den Garten schweift der Blick ständig ab. Wohin soll man bloß zuerst schauen? So viele Blumen! So schön bunt. Da kommt eine Bank zum Hinsetzen gerade recht. Zur Ruhe kommen, den Duft des Frühlings einatmen – so kann das Blütenglück ausgiebig und entspannt begutachtet werden.

Der terrassenförmig angelegte Garten ist gen Südosten ausgerichtet. Das gefällt vor allem den Frühblühern. Auf etwa vier Hektar wachsen 1 700 Gehölze, 300 Gräser, Stauden und Farne, 180 Eichen aus der ganzen Welt. Besonders groß ist die Freude, wenn Raritäten wie die Fuchsschwanzkiefer aus Amerika oder die Japanische Sicheltanne entdeckt werden. Im Forstbotanischen Garten in Wasungen schlägt das Herz von Naturliebhabern höher. Einheimische Arten und ausländische Besonderheiten können hier bestaunt werden. Eingeteilt ist die Anlage in einen europäischen, nordamerikanischen und ostasiatischen Teil, ein Alleinstellungsmerkmal. Damit reiht sie sich in die Liste der bedeutendsten botanischen Gärten der Republik ein.

Wasungen ist eine Stadt in der fränkisch geprägten Thüringer Rhön und eigentlich mehr für Fachwerk und Karneval bekannt. Doch etwas außerhalb an der B19 Richtung Eisenach liegt ein Seelenort, der guttut. Einfach mal Kraft tanken im Garten. Und natürlich die vielen wunderschön blühenden Pflanzen und Blumen bewundern. Im März erwacht die Anlage, die ganzjährig geöffnet ist, aus dem Winterschlaf. Die ersten Märzenbecher öffnen ihre Knospen. Zwischen April und Mai blühen die Rhododendren und Azaleen. Mehr als 350 Arten sorgen für die Farbenpracht: Ob knallgelb, lila, zartrosa, orange oder weiß – es leuchtet wirklich an jeder Ecke. Bienen, Hummeln und Falter tummeln sich auf den nektarreichen Blüten.

Tipp: Nicht nur im Frühjahr und Sommer ist der Garten ein lohnenswertes Ausflugsziel. Im Herbst kann hier zum Beispiel dank der vielen Ahornbäume der »Indian Summer« mit rotgold-brauner Farbenpracht beobachtet werden. Wer mag, läuft nach dem Gartenerlebnis den Naturlehrpfad in Richtung Wasungen und besucht die kleine Altstadt mit Stadtkirche, Pfaffenburg und Rathaus. Ein Abstecher zum Karnevalsmuseum sowie zur Burg Maienluft lohnt sich ebenfalls.

Der terrassenförmig angelegte botanische Garten präsentiert das ganze Jahr über den Besuchern auf vier Hektar zahlreiche Blumen, Sträucher und Bäume aus den verschiedensten Ländern.

Hin & weg: Parkplatz an der B19, Ortsausgang Wasungen in Richtung Eisenach oder mit dem Bus bis nach Wasungen.

Dauer & Strecke: 3 Std., mit Blumenbewundern, Fotopausen und Besuch von Wasungen ein Tagesausflug.

Beste Zeit: April bis Juni, wenn alles so schön blüht, auch im Herbst und Winter geöffnet. Infos unter www.wasungen.de

Ausrüstung: Festes Schuhwerk, Kamera zum Fotografieren.

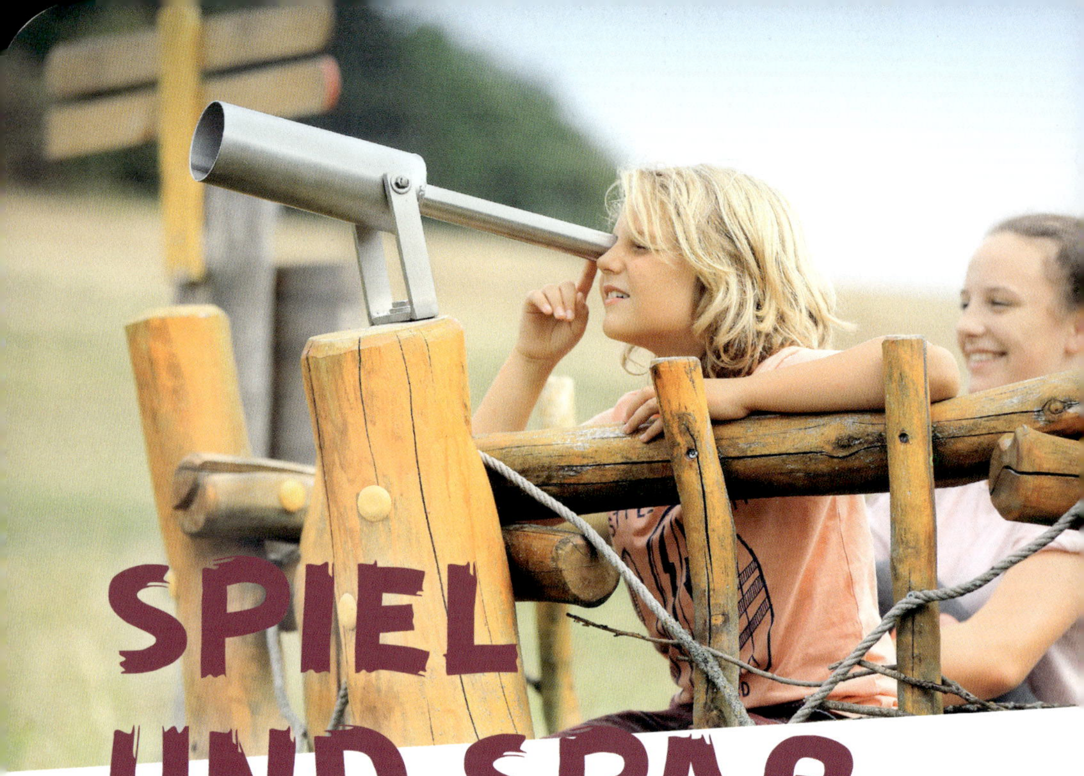

SPIEL UND SPAß

... auf dem Entdeckerpfad Hohe Rhön

#24

Sich einmal wie ein Storch im Nest fühlen, in einem Spinnennetz auf dicken Seilen balancieren, Kapitän der Arche sein oder Noahs Segel hinunterrutschen. Das können sowohl kleine als auch große Wanderer auf dem Entdeckerpfad zwischen Unterweid und Birx.

#Familienwanderung #Entdeckungen #Rhöngeschichte #NoahsSegel

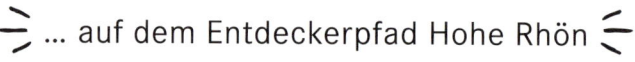

Auf dem Entdeckerpfad erfahren Groß und Klein Interessantes über die Rhöner Tier- und Pflanzenwelt.

Welche Melodie spielt das Klangspiel? Wie funktioniert es überhaupt? Was bedeutet eigentlich ökologisches Gleichgewicht? Die ersten Stationen des Entdeckerpfades, der nördlich von Birx beginnt, behandeln das Thema Wasser. Viele Fragen und Rätsel gilt es zu lösen. Wer dies schafft, kann nicht nur eine verwunschene Müllerstochter befreien, sondern auch seine Allgemeinbildung auffrischen – auf spielerische Art und Weise. Ein paar Kilometer weiter geht es um den Wald, mit dazugehöriger Action: Das macht sogar den Erwachsenen Spaß, denn wann hat man zuletzt sein Gleichgewicht auf einem Balan-cierbalken getestet? Oder ist auf einer Wackelscheibe wie ein Eichhörnchen rumgehüpft? Ganz Mutige können sich in ein großes Spinnennetz aus dicken Seilen begeben und darin herumkrabbeln.

Wird der Weidberg erreicht, können neugierige Entdecker vom Weg abbiegen und der Erlebniswelt Rhönwald einen Besuch abstatten. Das zwei Hektar große Areal ist ein interaktives Naturerlebnisangebot für die ganze Familie. Erholung inmitten einer einmaligen Naturkulisse! Nachdem auf dem Spielplatz getobt, das Steinlabyrinth abgeschritten, auf

Die Erlebniswelt Rhönwald liegt auf dem Weg und lässt kleine Kapitänsherzen höherschlagen.

dem Barfußpfad die Sinne getestet und das Innere der Arche Rhön entdeckt wurde, geht es weiter in Richtung Ellenbogen – vorbei am Thüringer Rhönhaus. Hier ist ein Stopp unbedingt empfehlenswert. Nicht nur wegen des überaus leckeren Essens: Ein wunderschön und liebevoll angelegter Außenbereich mit Bienenhaus, kleinem Teich, Tiergehege mit Streichelzoo und Spielmöglichkeiten für die Kinder erfreut alle Herzen.

Danach führt der Weg links den Ellenbogen hinauf. Hier sollte unbedingt die Aussichtsplattform Noahs Segel bestiegen werden. Nach 84 Treppenstufen wird nämlich deutlich, warum die Rhön auch das Land der offenen Fernen genannt wird. Hier gibt's einen phänomenalen Weitblick in das Biosphärenreservat. Sowohl Wasserkuppe und Milseburg auf

der hessischen als auch Roßberg und Baier auf der thüringischen Seite sind bestens erkennbar. Wer nicht die Treppen wieder hinunterlaufen möchte, wählt eine Fahrt mit der Erlebnisrutsche. Hui, was für ein Spaß!

Wer die restlichen Kilometer am nächsten Tag bewältigen möchte, kann im Berghotel Eisenacher Haus übernachten. Alle anderen begeben sich in die Themenwelt der Rhöngeister. Die Rhön ist voll von Geschichten, Legenden und Mythen. Doch was ist Wahrheit, was Dichtung? Das wird auf zahlreichen Informationstafeln erzählt. Auch die Historie darf nicht fehlen, denn die deutsch-deutsche Grenze verlief direkt durch das Mittelgebirge und hat es bis heute geprägt. Man erfährt spannende Geschichten menschlicher und tierischer Zeitzeugen.

Mitmachstationen laden dazu ein, seine Sinne zu testen. Noahs Segel bietet phänomenale Weitblicke.

Tipp: Für Familien mit Kindern bietet sich vor allem die fünf Kilometer lange Teilstrecke zwischen der Erlebniswelt Rhönwald und der Aussichtsplattform Noahs Segel an (insgesamt neun Erlebnisstationen).

FAZIT: FÜR ENTDECKER, WISSBEGIE-RIGE UND NATURGENIEßER DIE IDEALE WANDERUNG!

Hin & weg: Parken am Aussichtspunkt am Weinberg nördlich von Unterweid oder mit dem Bus bis zur Haltestelle Unterweid.

Dauer & Strecke: Ein ganzer Tag, 18 km.

Beste Zeit: Frühling, Sommer, Herbst.

Ausrüstung: Festes Schuhwerk, Wanderstöcke, Picknick.

VON WÄLLEN UND ALTEN VÖLKERN

 … rund ums Keltendorf bei Sünna

#25

Geschichte fasziniert, besonders wenn man Spuren und Hinweise auf frühere Lebensweisen und Völker vorfindet. Auf dem Themenweg über die zwei nördlichsten Basaltkuppen der Thüringer Rhön gibt es an vielen Stellen die 2500 Jahre alten Überreste keltischer Befestigungsanlagen zu entdecken.

Im authentischen Dorf nahe Sünna lässt sich das ursprüngliche Leben der Kelten nachempfinden.

Start der Wanderung ist das Keltendorf bei Sünna. Hier ist noch heute das keltische Leben in traditionellen Häusern und Hütten erlebbar. Von hier führt die Route (markiert mit einem roten K auf weißem Grund) zum Oechsenberg (Eskapade #13) mit seinem hölzernen Keltenkreuz auf dem Gipfel. Infotafeln erzählen von der Oechsen-Wallanlage aus der vorrömischen Eisenzeit. Allerdings wurde der Keltenwall durch den intensiven Basaltabbau, der auch den Oechsenberg massiv verändert hat, zerstört. Dadurch entstand aber auch eine eindrucksvolle Kulisse, die jetzt von der Natur zurückerobert wird.

Nach einer kurzen Pause auf dem nahezu unbewaldeten Gipfel geht es um den Oechsenberg herum, weiter in Richtung Sünna und Keltendorf. Schönen Pfaden und Wegen folgend, erreicht man eine kleine Straße, die

man nach kurzer Zeit aber verlässt und in Richtung Deicheroda am Waldrand entlang weiterwandert. Hier genießen Wanderer herrliche Talblicke, bis sie an eine T-Kreuzung gelangen. Nach links wenden und über einen

Der aufmerksame Wanderer entdeckt auf dem Keltenpfad immer wieder Spuren des alten Volkes.

Schotter- und einen ansteigenden Waldweg auf den Dietrichsberg zugehen.

Angenehm führt der gut markierte Keltenpfad durch den Wald, immer wieder bergauf, über die schöne sogenannte »Große Wiese« bis zur Jagd- und Naturschutzhütte am Dietrichsberg. Die romantisch gelegene Hütte lädt zur Rast ein. Danach geht es weiter durch den Wald. Ein Pfad führt zum Geißkopf. Hier gibt es ein eindrucksvolles Steinmeer aus Basalt sowie einen ehemaligen Steinbruch zu sehen. Auch an dieser Stelle soll sich eine keltische Kultstätte befunden haben. Zurück über den Waldweg geht es bergab Richtung Wölferbütt. Am Waldrand angekommen, führt der Weg an einer Kreuzung mit überdachtem Rastplatz nach links in Richtung Völkershausen. Ein kleines Stückchen muss man jetzt an der Straße entlanggehen, doch schon bald führt der Weg wieder in den Wald und verläuft über ebene Wege zum Ausgangspunkt zurück. Letzte Herausforderung ist ein kleiner An- und Abstieg am Hahnkopf, ehe die Tour rund um das Keltendorf zu Ende ist.

FAZIT: EINE STIMMUNGSVOLLE WANDERUNG AUF DEN SPUREN DER KELTEN.

Hin & weg: Wanderparkplatz Keltendorf bei Sünna; Bushaltestelle Sünna (von hier rund 1,5 km zum Keltendorf).

Dauer & Strecke: Etwa 6 Std., ca. 18 km.

Beste Zeit: Ganzjährig begehbar, im Winter erhöhte Aufmerksamkeit.

Ausrüstung: Festes Schuhwerk, Trittsicherheit, Verpflegung.

SONNIGE AUSBLICKE

 ... auf dem Ostheimer

#26

Hoch oben über der romantischen Fachwerkstadt Ostheim vor der Rhön verläuft der Ostheimer, eine von mehr als 20 Extratouren der Rhön. Faszinierende Panoramablicke, verschiedenste Lebensräume, Muschelkalk, Streuobstwiesen, die Ruine Lichtenburg, eine doppelte Eiche – mehr Rhön an nur einem Tag geht nicht!

Die durch ein rotes O auf weißem Grund gekennzeichnete Extratour Ostheimer führt an der Ruine der Lichtenburg sowie an großen Streuobstwiesen vorbei.

Vom Parkplatz an der Ruine Lichtenburg auf dem Schlossberg führt ein Waldweg bergab ins Tal. Wer den Rundweg in diese Richtung loswandert, spart sich übrigens den extrem steilen Aufstieg zum Weyhershauk – das ändert aber nichts an dem ständigen Bergauf und Bergab auf dem Rest der Strecke. Kaum im Tal angekommen, wird der Waldweg zu einem Feldweg, der entlang von Unmengen an Obstbäumen durch das Tal an der Streu führt. Eine Infotafel beschreibt den besonderen Lebensraum Streuobstwiese. Sonnenanbeter werden die Strecke übrigens lieben, denn Schatten wird hier überbewertet. Es geht wieder bergauf, und nach kurzer Zeit ändert sich das Landschaftsbild: Blühende Wiesen, so weit das Auge reicht. Kalkmagerrasen und Fettwiese bieten hier über 140 verschiedenen Pflanzen ideale Wachstumsbedingungen. Kräuterfrauen freuen sich über den Thymian, der hier massenhaft zu finden ist und im Sommer auch noch so herrlich rosa blüht. Am Wegesrand tummeln sich zudem Schmetterlinge, Hummeln, Heuschrecken und Ameisen, die fleißig ihre Hügel bauen.

Die Steigung zum Weyhershauk hinauf wird intensiver, der Weg schmaler und extrem steinig. Der Berg ist übersät mit Muschelkalk. Das Naturschutzgebiet bietet dadurch einen Trockenlebensraum, der durch seinen Artenreichtum von landesweiter Bedeutung für den Biotopschutz ist. Die sogenannte Felsflur zeichnet sich durch wenig Nährstoffe, viel Trockenheit und große Wärme aus. Hier haben sich hochspezialisierte Pflanzen angesie-

Die abwechslungsreiche Landschaft rund um Ostheim lädt dazu ein, intensiv entdeckt zu werden und lässt einen automatisch entspannen.

delt, die mit einem Minimum an Nährstoffen und Wasser überleben können, zum Beispiel die Nachtkerze, der Huflattich oder der Weiße Honigklee. Auf dem Weyershauk kann phänomenal in die Ferne geblickt werden. Damit der Aufstieg nicht zu sehr an den Kräften zehrt, ist ein Picknick auf einer der zahlreichen Bänke ein Muss.

Der Abstieg ist steil und führt zum nächsten Lebensraum: Weiher und Tümpel. Dann folgt eine kurze Strecke durch den Wald, und man begegnet einer mächtigen Gestalt, die vor allem aufgrund ihrer Breite auffällt: die doppelte Eiche. Ihren Namen trägt sie wegen ihrer Wuchsform. Es sieht so aus, als wären zwei Eichen zusammengewachsen. Ihr Alter wird auf über 250 Jahre geschätzt – sie ist sogar ein eingetragenes Naturdenkmal. Der Weg führt nun über Schotter- und Feldwege zurück zur Lichtenburg. Am Ende geht es nochmal ordentlich bergauf – zum Glück schön schattig im Wald.

Tipp: Nach dem letztmaligen Aufstieg sollte unbedingt der Lichtenburg inklusive der dortigen Gaststätte ein Besuch abgestattet wer-

den. Der Biergarten lädt zum Erholen ein, außerdem gibt es dort das süffige Bier der Rhönpiraten, einer kleinen Brauerei in Ostheim. Wer dann noch Energie hat, kann einen Abstecher zur größten Kirchenburg Deutschlands in Ostheims Ortsmitte machen.

FAZIT: DIE RICHTIGE WANDERUNG FÜR ALLE, DIE SONNIGE AUSBLICKE LIEBEN!

Hin & weg: Start des Rundwegs am Parkplatz bei der Ruine Lichtenburg, der Wegmarkierung mit dem roten O folgen. Mit dem Rhön-Zügle oder dem Bus bis Ostheim.

Dauer & Strecke: 3 Std., 6,6 km. Für Genießer und mit Picknick ein herrlicher Tagesausflug.

Beste Zeit: Frühjahr, Sommer, Herbst.

Ausrüstung: Festes Schuhwerk.

JETZT IST SOMMER!

⇒ ... vom Guckaisee auf den Pferdskopf ⇐

#27

Bei Hitze kommt eine Abkühlung immer gelegen. Was also gehört zu einem idealen Sommertag? Ein Besuch am Guckaisee in der Rhön mit Schwimmen, Faulenzen und Sonnenbaden auf der Liegewiese. Mit dem Aufstieg auf den Pferdskopf kommt noch etwas Bewegung für das gute Gewissen hinzu.

#Sonnenbaden #abinskühleNass #Sonnenuntergang #romantisch #ganzschönsteil

Wer den Badespaß mit dem Sonnenuntergang verbindet, umgeht meist
den Trubel, der im Sommer am
Guckaisee herrschen kann.

Der Guckaisee im Naturpark Hessische Rhön befindet sich in der Talsohle zwischen Eube im Süden und Pferdskopf im Norden. Am See angekommen, wird deutlich, warum er die ideale Wahl für einen perfekten Sommertag ist: Unterteilt in zwei Seen, liegt der einzige natürlich entstandene See der Rhön idyllisch im Grünen. Umrahmt von einer Liegewiese, finden Besucher hier einen Platz zum Sonnen-baden, können sich in den Guckaistuben eine Stärkung holen oder eine Wanderung begin-nen. In dieser Eskapade geht es allerdings um das Muss für einen perfekten Sommertag: nur

auf der faulen Haut liegen und sich die Sonne auf den Bauch scheinen lassen.

Gesagt, getan. Doch der Blick schweift un-weigerlich durch die Umgebung. Beein-druckend sind die Bergrutschmassen am Pferdskopfsüdhang, die wahrscheinlich einen großen Beitrag zur Entstehung des Guckai-sees geleistet haben. Die Atmosphäre und die Stimmung am See nehmen einen gefangen, lassen Entspannung aufkommen und sorgen gleichzeitig für ein einzigartiges Erlebnis. Action und Abkühlung gefällig? Dann nichts

Im Sommer bieten sich besonders tolle Blicke in der Rhön. Der Guckaisee ist die erste Adresse für eine Abkühlung.

wie rein in das erfrischende, kühle Nass! Vom großen Badesteg aus einen Köpper mit hervorragender B-Note machen, eintauchen und

sich selbst von der Wasserqualität überzeugen. Während die Kleinen sich auf dem Kinder- und dem Wasserspielplatz austoben, können die Erwachsenen in Ruhe ihre Runden drehen. Für die Pause zwischendurch treibt eine schwimmende Insel inmitten des Badesees. Genug abgekühlt, schnell wieder auf das Handtuch und von der Sonne trocknen lassen. Schnell schweifen die Gedanken ab, die Augen fallen zu und der Schlaf überkommt einen. Unbedingt an Sonnenschutz denken, damit die Haut nicht verbrennt!

Doch nicht nur Faulheit und Entspannung gehören zu einem perfekten Sommertag in der Rhön. Also Wanderschuhe an, es wird steil! Vom Parkplatz am Guckaisee geht es zielstrebig durch einen Bergmischwald und am Gold-

Zum Sonnenuntergang wird es magisch. Das lässt sich bei angenehmen Sommertemperaturen am besten genießen.

born-Brunnen vorbei hinauf zum Pferdskopf. Hier ist Vorsicht geboten: Der Weg ist ziemlich steil, erfordert Trittsicherheit und Kondition. Ein vorgezogenes Gipfelkreuz gaukelt vor, bereits die Spitze zu sein. Falsch gedacht, eine kurze Verschnaufpause ist aber angemessen. Hier kann bereits die Schönheit des Ausblicks, der ganz oben wartet, erahnt

werden. Zum Sonnenuntergang ist es hier besonders schön. Der ideale Rahmen für ein romantisches Picknick mit fantastischem Panorama: Heidelstein, Kreuzberg, die Kuppenrhön rund um Milseburg und Wachtküppel. Ein atemberaubender Naturgenuss.

Tipp: Den Abstieg am besten nicht in völliger Dunkelheit wagen, Taschenlampen helfen hier als Sichtunterstützung, während man entspannt zurück zum Guckaisee wandert.

Hin & weg: Parkplatz Guckaisee, Bushaltestelle Guckaisee.

Dauer & Strecke: Ein ganzer Tag, Aufstieg zum Pferdskopf etwa 0,5–1 Std., ca. 1,1 km, Rückweg ca. 3,2 km.

Beste Zeit: Sommer.

Ausrüstung: Badesachen, festes Schuhwerk, alles für ein Picknick, Taschenlampe.

FAZIT: SONNE UND KÜHLES NASS AM GUCKAISEE, DANACH DEN SONNENUNTERGANG VOM GIPFEL DES PFERDSKOPFS GENIEßEN. WAS WILL MAN MEHR?

UNTERWEGS MIT DEM PADDEL- BOOT

 ... zwischen Trimberg und Hammelburg

#28

Es gibt viele Möglichkeiten, etwas am und im Flusswasser zu unternehmen. In der Rhön ist vor allem die Fränkische Saale ein beliebtes Gewässer. Statt zu schwimmen oder zu angeln, ist besonders eine Kanutour auf einem Abschnitt des rund 140 Kilometer langen Flusses eine wundervolle Abwechslung.

#FränkischeSaale #Stromschnellen #Schwimmenkannjeder #keinePanikaufderTitanic

Mit Teamwork können selbst Hindernisse Paddelfans auf ihrem Abenteuer nicht aufhalten.

Gestartet wird in Trimberg. Hier wartet auch gleich die erste Herausforderung: das Kanu ins Wasser lassen und einsteigen. Das klingt zwar nicht so wild, wird aber durch eine kleine Entenfamilie mit zutraulichen Küken, die um das Kanu herumtrippeln, erheblich erschwert. Erst die hintere Person, der Lenker. Vorsicht, es ist wackelig und niemand will ins Wasser plumpsen. Nun noch der Vordermann, und los geht das Eskapadenabenteuer Kanu fahren.

Die Bewegungen müssen sich erst einprägen. Aber mit Teamwork und Kommunikation klappt das. Da halten auch Hindernisse wie umgestürzte Bäume – da war wohl ein Biber am Werk – nicht auf. Geschickt wird das Kanu herummanövriert, ein Kinderspiel! Gemächlich geht es weiter flussabwärts. Gerne kann man sich auch einmal treiben lassen, die Hände und Arme ausruhen, denn auf Dauer wird das Paddeln anstrengend. Gegen Blasen

Kanu fahren macht einfach Spaß! Führt die Strecke dann noch so idyllisch durch die Natur wie auf der Fränkischen Saale, ist das Erlebnis rundum perfekt.

sind Fahrradhandschuhe ein guter Tipp. Außerdem lädt das Treibenlassen zum Genießen ein: nur die Natur, das Wasser und man selbst. Eventuell begleitet ein Reiher die Tour und fliegt voraus.

Die Idylle wird von grünen Schildern unterbrochen, die auf ein Wehr hinweisen. Durchfahrt verboten! Nun muss man die ausgeschilderte Anlegestelle ansteuern. Nächste Herausforderung: aussteigen – in umgekehr-

Die Anlege- und Umsetzstellen auf dem Weg von Trimberg nach Hammelburg sind gut gekennzeichnet und lassen sich mit dem Kanu gut anfahren.

ter Reihenfolge wie beim Einsteigen. Dann hebt man das Kanu gemeinsam aus dem Wasser und trägt es um das Wehr herum. Mit einem Bootswagen ist dies wesentlich leichter, denn gerade beim ersten Wehr in Elfershausen ist der Weg recht lang – der anstrengendste Part einer Kanutour. Nach der Straßenbrücke das Kanu an der gekennzeichneten Stelle wieder ins Wasser lassen, einsteigen, und weiter geht's! Dabei schauen, dass das Wasser tief genug ist und das Kanu nicht stecken bleibt.

Unter einer Autobahn- und Eisenbahnbrücke hindurch geht es bis zum Schrägwehr in Langendorf. Hier muss man das Kau nur ein kurzes Stück tragen, bevor man es wieder ins Wasser lässt und nach Westheim fährt, wo das letzte Wehr wartet. Ab da folgt die längste Etappe, die besonders schön ist: Zerfallene Wehre mit kleinen Stromschnellen sorgen für einen kleinen Anschub und Spaß. Wieder lässt sich der Reiher blicken. Sein eleganter Flug trägt zu der einmaligen Stimmung auf dem Fluss bei. Das Kanu bahnt sich seinen Weg an Pfaffenhausen vorbei und unter einigen Brücken hindurch, bis es Hammelburg erreicht. Am Parkplatz Bleichrasen endet das Abenteuer auf dem Wasser, und es wird deutlich: Für 14 Flusskilometer braucht man länger als für 14 Straßenkilometer.

Tipp: An den Wehren bietet sich die Möglichkeit für eine Pause an. Wer kein eigenes Kanu besitzt, kann sich eins leihen. Informationen und weitere Tourenvorschläge gibt es unter www.uferblick.de

FAZIT: EIN GROßARTIGES ERLEBNIS, DAS DEN TRAUM VOM KAPITÄNSEIN ERFÜLLT.

Hin & weg: Trimberg, Bergstraße; Bushaltestelle Trimberg Feuerwehrhaus, Elfershausen.

Dauer & Strecke: Den ganzen Tag, ca. 14 Flusskilometer.

Beste Zeit: Frühjahr bis Spätherbst.

Ausrüstung: Kanu, Paddel, Schwimmweste, Wassertonne, Bootswagen, Streckenkarte mit Orientierungspunkten, Vesper.

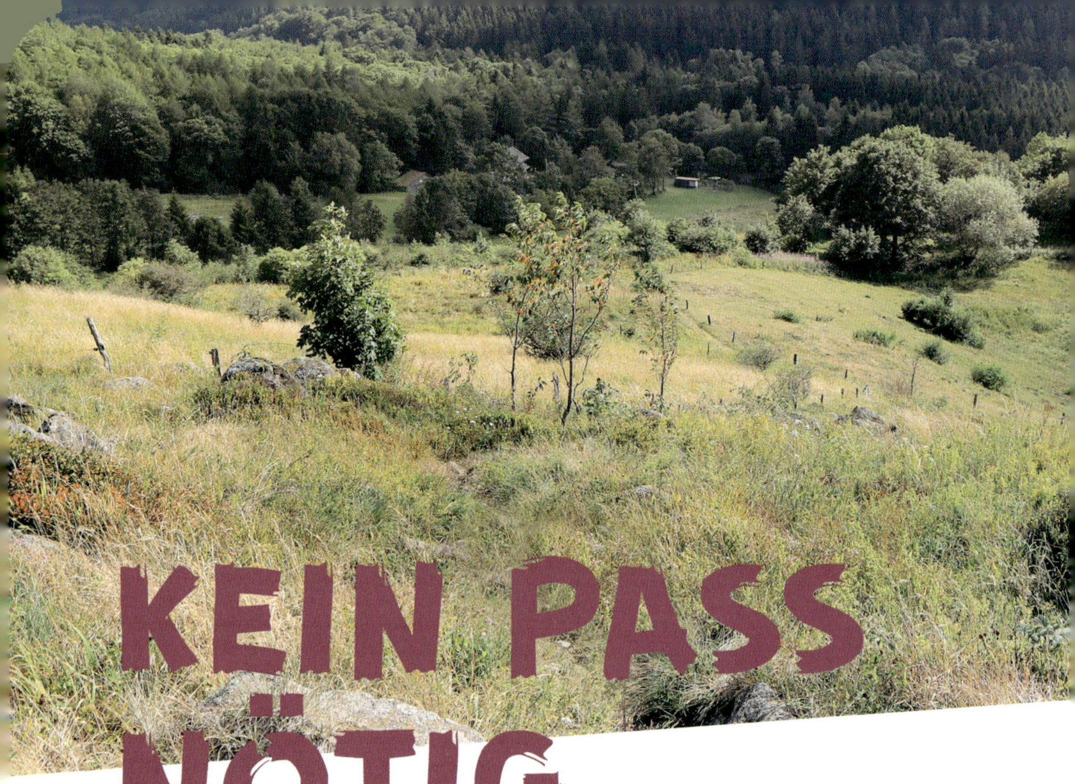

KEIN PASS NÖTIG

... zwischen Himmeldunk- und Simmelsberg

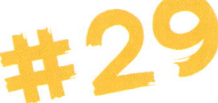

#29

Dass die Natur keine Rücksicht auf Ländergrenzen nimmt, dafür ist die Rhön das beste Beispiel, immerhin vereint sie drei Bundesländer in sich. Auf einer Tour um den Himmeldunkberg – hier sollten Grenzsteine einst das Königreich Bayern von Preußen trennen – sind Grenzüberschreitungen keine Seltenheit.

#HessenBayernHessenBayernHessen #Flussquelle #faszinierendePflanzenwelt

Bänke bieten immer wieder Gelegenheit für ein Päuschen: zum Ausruhen
oder zum Genießen der Aussicht.

Startpunkt ist der Parkplatz Schwedenwall. Von hier dem Rundweg 1 in Richtung Süden folgen: Nach einem kurzen Stück die Straße entlang zeigt rechts ein Schotterweg die weitere Route an. Hier gibt es schon die ersten leichten Anstiege zu bewältigen. Neben der Landesgrenze von Hessen nach Bayern wird auch bald der Schwedenwall selbst passiert. Ein Schild informiert über diese besondere Dreieckschanze an der Hohen Hölle. Dass an dieser Stelle ein Graben-Wall-System zur Sicherung der Grenzen gebaut wurde, macht vor allem dann Sinn, wenn man sich des fantastischen Fernblicks bewusst wird. Auf halbem Weg hinauf weist ein Schild den Weg zur Würzburger Bergbundhütte – ein Besuch ist obligatorisch. Denn hier ist nicht nur die Rast erholsam, sondern auch der Ausblick wieder einmal sensationell, zudem mobilisiert ein kühles isotonisches Getränk neue Kräfte.

Bitte nicht stolpern! Insbesondere auf dem recht schmalen Weg den Simmelsberg hinauf ist erhöhte Aufmerksamkeit geboten.

gekommen, bietet eine Bank Gelegenheit zum Luftholen. Zahlreiche Schmetterlinge flattern umher, Bienen summen und bedienen sich am Nektarbuffet der zahlreichen Pflanzen, die hier hervorragende Lebensbedingungen vorfinden. Immer wieder ist ein leises Flippen zu hören: Grashüpfer bahnen sich ihren Weg. Eine solch friedliche Ruhe, in der all diese Geräusche wahrnehmbar sind, gibt es nicht an vielen Orten. Das allein macht dieses Naturgebiet so besonders. Der Weg führt hinab, entlang der Landesgrenze von unbewaldetem in bewaldetes Gebiet. Dabei wird der Teufelsberg touchiert. Kurz darauf geht es im Wald stetig hinab bis zur Brendquelle und dann über eine Treppe nach Südwesten in Richtung Schwedenschanze.

Die werden auch gebraucht, denn von der Hütte geht es an Kuhweiden den Himmeldunkberg hinauf. Immer wieder schweift der Blick in die Ferne, eine warme Brise weht einem die Haare aus dem Gesicht. Oben an-

Zielstrebig weiter zum Simmelsberg: Vorbei an einem Skiclub führt die Route den Berg hinauf. Der Aufstieg hat es in sich: Der schmale Pfad ist sehr uneben und lässt kaum Spielraum für Abweichungen. Also gut aufgepasst! Oben angekommen, gibt es gleich meh-

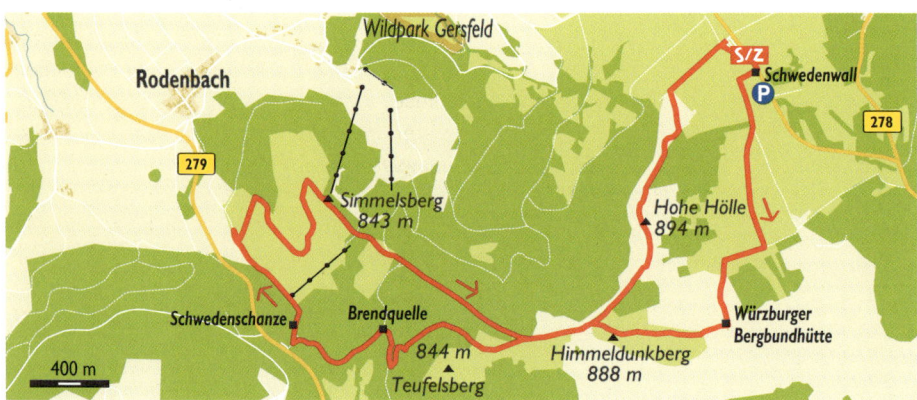

Fast nirgendwo sonst lassen sich die Natur und ihre Bewohner so in Ruhe wahrnehmen wie auf dem südöstlich gelegenen Nachbarberg Himmeldunk.

rere Belohnungen: eine kräftige Brise, die abkühlt und verständlich macht, warum hier ein Paradies für Modellflieger ist, das weite Plateau, das sich auftut, und der Panoramablick, der beispielsweise Heidelstein und Wasserkuppe zeigt. Ein guter Platz für eine Rast. Anschließend geht es vom Plateau hinab,

wieder hinein in einen Wald. Die Schilder zum Rundweg Nummer 1 sind auch hier eine gute Orientierungshilfe. Himbeersträucher säumen den Weg und verleihen dem grünen Umfeld prächtige Farbtupfer. Der Weg führt wieder an den Fuß des Himmeldunkberges. Es geht hinauf und in nördlicher Richtung weiter zur Hohen Hölle. Vorbei an prächtig blühenden Wiesen bewältigt man noch einige Höhenmeter, bevor der Weg sanft hinab zum Ausgangspunkt führt.

Hin & weg: Parkplatz Schwedenwall an der L3396 nahe Mosbach; Bushaltestelle Schwedenwall.

Dauer & Strecke: Ein ganzer Tag, ca. 11 km inklusive Pausen und ausgiebigem Genießen der Natur.

Beste Zeit: Ganzjährig möglich, im Winter erhöhte Vorsicht.

Ausrüstung: Festes Schuhwerk, Vesper, etwas Kondition.

> **FAZIT: FASZINIERENDE RUNDTOUR AN DER BAYERISCH-HESSISCHEN LANDESGRENZE MIT IMMER NEUEM UMFELD UND EINEM FANTASTISCHEN NATURERLEBNIS.**

BRAUNKOHLE & BASALT

 … auf dem Milseburgradweg

#30

Auf der Linie Götzenhof–Wüstensachsen
wurde die Biebertalbahn Ende des 19. Jahrhunderts gebaut, um Braunkohle und
Basalt zu transportieren. 1995 folgte der
Gleisabbau – einer der schönsten Bahn-
trassen-Radwege Deutschlands entstand:
von Götzenhof/Petersberg auf 27 Kilometern über Hofbieber nach Hilders.

#ehemaligeBahntrasse #Milseburgtunnel #Fledermäuse #Erlebnisgarantiert

Das Schloss Bieberstein ist auf dem Milseburgradweg immer wieder ein wunderschöner Blickfang.

→ AUSFLÜGE...

Der gesamte Weg weist nur geringe Steigungen auf, was ihn auch für Ungeübte problemlos befahrbar macht. Start der Fahrradtour ist der Parkplatz in Götzenhof. Der Radweg führt entlang von Feldern und Wiesen an Orten wie Almendorf, Melzdorf, Wiesen und Niederbieber vorbei. Dabei befindet man sich viel auf offenen Wegen – ein Sonnenschutz ist daher vor allem bei strahlendem Sonnenschein mehr als empfehlenswert. In Langenbieber wartet eine erste Rastmöglichkeit mit kleinem Biergarten. Kinder können sich während der Pause auf dem Spielplatz unterhalb des Radwegs austoben.

Nächste beeindruckende Station ist das Schloss Bieberstein. Vom Milseburgradweg bieten sich ein kleiner Abstecher dorthin und der Besuch des sagenhaften Barockschlosses auf dem Kugelberg, das heute ein Internat beherbergt, an. Ein Ausflug, der sich auf jeden Fall lohnt! Aber auch aus der Ferne betrachtet, gibt das auf dem Berg thronende Schloss ein imposantes Bild ab.

Entlang der Wiesen und Felder radelt man bei phänomenalen Fernsichten an Elters vorbei, hinauf zum absoluten Highlight der Strecke: dem Milseburgtunnel. Der 1172 Meter lange

Ein meistens gerade verlaufender Radweg, viel Natur und weite Fernblicke: Die Rhön zeigt sich entlang des ehemaligen Trassenbahnwegs von ihrer allerbesten Seite.

Tunnel stammt aus dem Jahr 1889 und ist der längste Fahrradtunnel Deutschlands. Selbst bei hochsommerlichen Temperaturen herrscht hier eine maximale Durchschnittstemperatur von 8–10 Grad. Daher empfiehlt es sich, für die Tunnelfahrt eine leichte Jacke parat zu haben. Von November bis Mitte April ist der ehemalige Eisenbahntunnel geschlossen, er dient dann als Winterquartier für Fledermäuse. Es steht eine vier Kilometer lange Umfahrungsstrecke zur Verfügung, um den Milseburgradweg weiter befahren zu können.

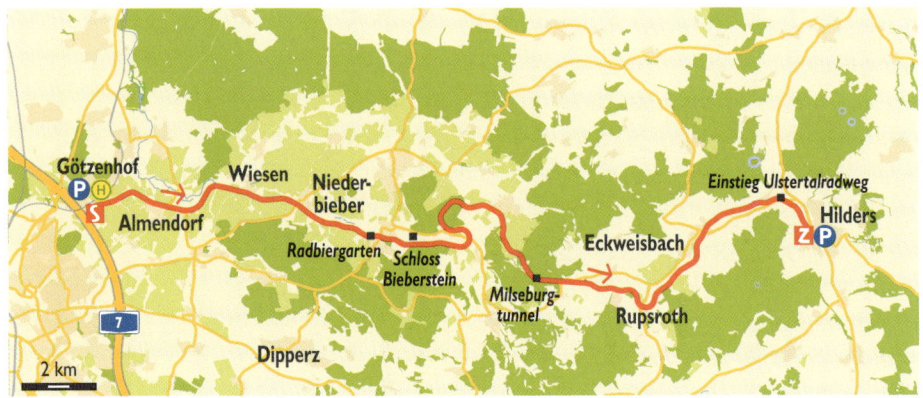

Direkt danach lädt gleich die nächste Raststätte zu einem kurzen Päuschen bei Kaffee und Kuchen ein. Von hier lohnt sich auf jeden Fall ein weiterer kleiner Abstecher die Milseburg hinauf. Denn anders als der Name vermuten lässt, handelt es sich dabei um einen markanten, 835 Meter hohen Berg und nicht um eine mittelalterliche Burg. Das Gebiet soll früher von Kelten besiedelt worden sein und ist allein wegen der wunderschönen Aussicht einen Besuch wert.

Der offizielle Weg verläuft über die Orte Rupsroth und Eckweisbach weiter nach Aura. Von hier haben passionierte Radfreunde Anschluss an den malerischen Ulstertalradweg in Richtung Tann. Der Milseburgradweg führt aber weiter zum ehemaligen Bahnhof von Hilders, wo die Tour entweder endet oder ihren Wendepunkt findet. Wer für heute genug hat, hat die Möglichkeit, mit dem Rhön-Rad-Bus zurückzufahren.

FAZIT: EIN GELUNGENER RADAUSFLUG MIT HOHEM ERLEBNISWERT. ZAHLREICHE SCHILDER WEISEN DEN WEG ZU TOLLEN ABSTECHERN NAHE DER STRECKE.

Hin & weg: Milseburgradweg Parkplatz Götzenhof; Bushaltestelle Götzenhof Milseburgradweg.

Dauer & Strecke: Tagesfüllende Tour (mit Pausen und Abstecher), 27 km (einfache Strecke).

Beste Zeit: Frühjahr bis Herbst.

Ausrüstung: Fahrrad und entsprechende Klamotten, Versorgungsrucksack, eventuell Picknick entlang der Strecke.

LEBENDIGE VERGAN- GENHEIT

⟩ ... im Fränkischen Freilandmuseum Fladungen ⟨

Alte Fachwerkhäuser, zwei Mühlen, eine Dorfbrauerei, eine Schule, ein Backhaus, ein Dörrhäuschen ... Das Fränkische Freilandmuseum Fladungen lässt das Dorfleben von vor über 100 Jahren wieder aufleben. Ein bisschen Nostalgie und Sehnsucht nach der guten alten Zeit inklusive.

Im Gemüsegarten mitten im Freilandmuseum gibt es so manche Leckerei. An bestimmten Aktionstagen des Museums kommen auch die Besucher in ihren Genuss.

sorten. An solch einem Garten führt der Rundweg durchs Museum übrigens vorbei. Schön angelegt, scheint er nur darauf zu warten, dass die Mägde seine Früchte ernten. Früchte tragen auch die zahlreichen Obstbäume im Freilandmuseum: Zwetschgen, Äpfel, Kirschen oder Quitten. In dem Dörrhäuschen, das aus Rothausen stammt, wird einmal im Jahr gezeigt, wie das Obst früher haltbar gemacht wurde. Im Holzofen wird es auf großen Brettern getrocknet.

Wie es zu einem typischen historischen Dorf gehört, begegnen einem unterwegs auch eine Schäferei, eine Öl- und eine Getreidemühle, ein bewohntes Bienenhaus sowie ein Gemeindebrauhaus. Letzteres stammt ursprünglich aus Alsleben. Im 19. Jahrhundert haben sich hier regelmäßig die Dorfbewohner versammelt, um gemeinsam Bier zu brauen. Noch heute wird im Brauhaus einmal im Jahr ein eigenes Museumsbier hergestellt.

Stein auf Stein wurden die Gebäude an ihrem bisherigen Standort abgebaut und auf dem Museumsgelände wieder aufgebaut. Über 20 Originalbauten gibt es mittlerweile. Mit ihren Fachwerkfassaden sehen sie hübsch aus. Ein bisschen Postkartenromantik kommt bei einem Rundgang über das weitläufige, zwölf Hektar große Gelände auf. Doch blickt man in das Innere der Häuser, weckt dies wiederum ganz andere Eindrücke. Enge Zimmer, niedrige Decken, das Schlafzimmer direkt neben dem Stall, man wohnte mit den Tieren unter einem Dach. Die Küchen sind sehr klein, in der Mitte steht ein Holzherd – Kochen war eine schweißtreibende Angelegenheit. Hier zu leben, ist für die Menschen heute schwer vorstellbar. Im Selbstversorgergarten wuchsen Kartoffeln, Salat und verschiedene Gemüse-

Das Freilandmuseum zeigt ein typisches Rhöner Dorf, so wie es früher einmal aussah. Alte Nutztierrassen wie das Rhönschaf dürfen hier natürlich nicht fehlen.

Alle Häuser sind komplett eingerichtet, etwa die Wohnhäuser, die zum Teil die Lebensumstände reicherer Bauern widerspiegeln. Aber auch Tagelöhnerhäuser warten auf neugierige Besucher. Neugierig sind übrigens auch die Schafe, Ziegen und Hasen, die auf dem Gelände leben.

Hin & weg: Fränkisches Freilandmuseum Fladungen, Bahnhofstraße 19, 97650 Fladungen. Bus bis zur Haltestelle Fladungen Rathaus. Mit dem Rhön-Zügle bis Fladungen Bahnhof.

Dauer & Strecke: 3–4 Std., mit Einkehr ein Tagesausflug.

Beste Zeit: April bis Oktober, Öffnungszeiten und weitere Informationen zu Aktionstagen unter www.freilandmuseum-fladungen.de

Ausrüstung: Festes Schuhwerk.

Tipp: Wer nach einem Tag im Fränkischen Freilandmuseum Hunger bekommen hat, kann diesen im Wirtshaus zum Schwarzen Adler stillen. Das älteste Museumsgebäude wurde im Jahr 1606 als Pferdewechselstation mit Gasthof gebaut.

Wer mag, kann vor oder nach dem Museumsbesuch eine Fahrt durchs Streutal mit dem museumseigenen Rhön-Zügle erleben (Eskapade #3). Der Bahnhof liegt direkt vor dem Museumseingang.

FAZIT: EINE FASZINIERENDE REISE IN DIE VERGANGENHEIT DES DORFLEBENS. NICHT NUR ETWAS FÜR NOSTALGIKER!

GESUND WANDERN

=> ... in Gersfeld <=

#32

Auf den heilklimatischen Wanderwegen in Gersfeld wird durch einen Spaziergang die Energie mal wieder richtig aufgeladen. Durch die hier vorherrschende Natur und die wechselnden Klimazonen werden Gesundheit und Lebensqualität positiv beeinflusst.

Die idyllische Landschaft rund um Gersfeld lädt dazu ein, dem Alltag zu entfliehen und seine Gedanken schweifen zu lassen. Nach einer Wanderung fühlt man sich tiefenentspannt.

Die Stadt Gersfeld wurde nachweislich mit dem Gütesiegel »Heilklimatischer Kurort« ausgezeichnet. Aufgrund der klimatischen Bedingungen gibt es hier eine Vielzahl an Wanderwegen, die die Gesundheit fördern sollen – sprich, hier kann man sich einfach mal gesund wandern! Die verschiedenen Wanderwege können hierbei individuell an die Ansprüche des Heilklima-Wanderers angepasst werden. Startpunkt für diese ausgezeichnete Wanderung ist der Parkplatz am Dammel. Über eine offene Wiese geht es zunächst steil bergauf zum Simmelsberg: Das ist zwar anstrengend, aber der Panoramablick über Gersfeld lässt einen die Mühen schnell vergessen. Anschließend führt der Weg durch die eindrucksvolle Landschaft – hier schweifen die Gedanken gerne einmal ab. Die Augen schließen, tief ein- und ausatmen und die Gerüche und Geräusche wahrnehmen. Man spürt mit jedem Atemzug, wie der Körper gesünder und belastbarer wird, während die frische Luft durch den Körper strömt. Gleichzeitig wird der Vitamin-D-Haushalt dank der Sonnenstrahlen wieder aufgefüllt.

Doch wie genau soll das Klima die Gesundheit beeinflussen? Ganz einfach. Wenn es draußen kalt und neblig ist, empfindet der Mensch dies als unangenehm und belastend. Scheint hingegen die Sonne bei milden Temperaturen und versorgt den Körper mit Vitamin D, fühlt der Mensch sich besonders wohl. Heilklima bedeutet demnach, dass stimulierende Reize überwiegen und Belastungsfaktoren minimal gehalten werden.

Was kreucht und fleucht denn da? Die abwechslungsreiche Natur bietet einen geeigneten Lebensraum für
Schmetterlinge, Grashüpfer und Co.

Frische Luft, grüne Wiesen und angenehme
Stille – wer würde da nicht gesund werden?
Nach der bewussten Pause führt der Wanderweg weiter an grünen Wiesen vorbei, die mit
einer Blütenpracht überdeckt sind: der geeig-
nete Lebensraum für Grashüpfer, Schmetterlinge und viele weitere Insekten. Für Naturliebhaber ist hier ein Bestimmungsbuch
hilfreich. Weiter geht es an Bäumen vorbei.
Diese ziehen den Blick wie magisch an, denn
ihre roten Früchte leuchten in der Sonne und
geben ein prächtiges Bild ab. Der Alltags-
stress ist vergessen, gleichzeitig werden die
Lebensqualität und die Gesundheit gestärkt.

Im weiteren Verlauf sorgen viele markante
Bäume für Abwechslung zwischen Schatten
und Sonne. Praktisch, denn das sorgt jederzeit für ein angenehmes Klima. Mehrere Sitzgelegenheiten bieten die Möglichkeit für
kleine Verschnaufpausen – natürlich inklusive
beeindruckender Aussicht. Anschließend geht

es weiter Richtung Gersfeld, am Freibad vorbei wieder zum Startpunkt zurück. Tief einatmen, den Kopf ausschalten und dabei noch
etwas für seine Gesundheit tun – einfacher
geht es wahrlich nicht.

Tipp: Für einen gelungenen Tagesausflug lädt
der Wildpark Gersfeld nach der Wanderung
zum Bestaunen vieler verschiedener Wildtiere
ein, oder man nimmt sich die nächste Wan-
derroute zum Gesundwandern vor. Weitere
Routen und Informationen gibt es auf der Website www.nordic-aktiv.com/heilklimatische-
wanderwege.html

FAZIT: AUF EINEM ANGENEHMEN SPAZIER-
GANG GESUND WERDEN IST NIRGENDS
LEICHTER ALS HIER.

Hin & weg: Parkplatz Am Dammel, Gersfeld;
Bushaltestelle Gersfeld (Rhön), Realschule.

Dauer & Strecke: Ein ganzer Tag, Rundwanderweg
Dammel-Runde 2,5–4,5 Std. (je nach Gehtempo
und Pausen), 6,7 km.

Beste Zeit: Frühjahr bis Herbst.

Ausrüstung: Festes Schuhwerk, Zeit.

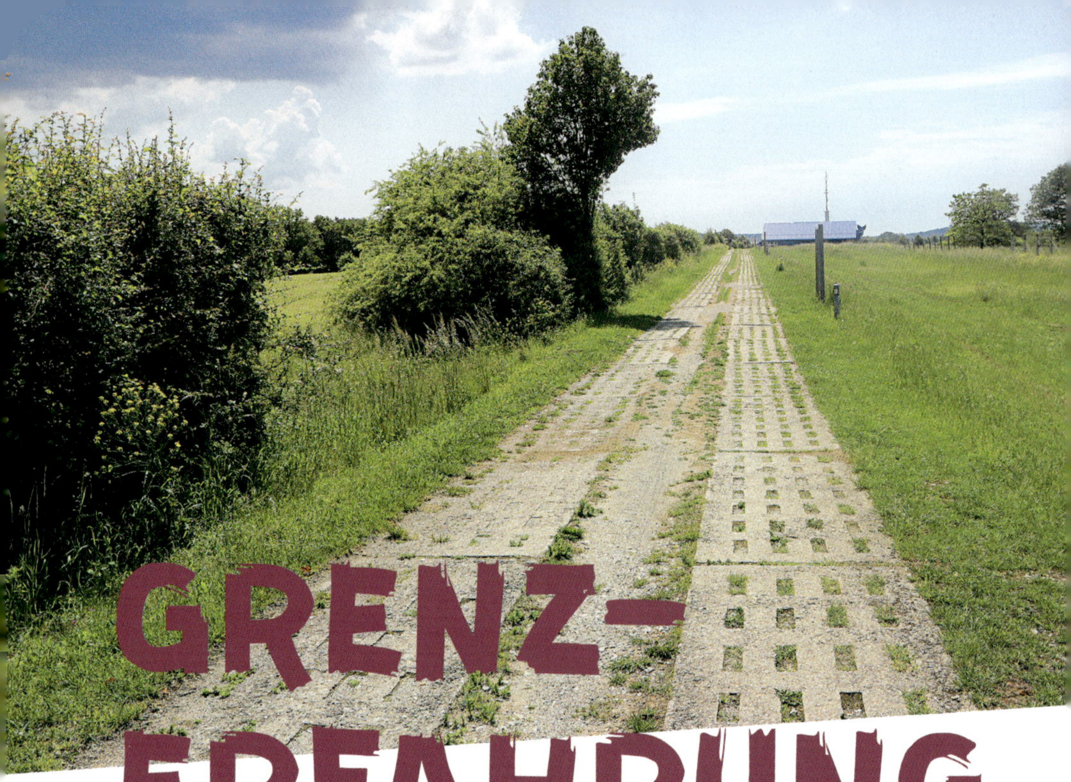

GRENZ-ERFAHRUNG

... zwischen Ost und West bei Point Alpha

#33

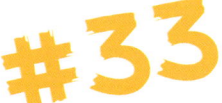

Die wechselvolle Geschichte des geteilten Deutschlands ist hinlänglich bekannt. Ein Teil der deutsch-deutschen Grenze führte mitten durch die Rhön. Der Point-Alpha-Weg lässt einen an dieser Grenze entlangwandeln.

#Erinnerung #WegderHoffnung #ehemaligeDDR #Ulsterblick #Spaßmuseum

In der Rhön gibt es einige ehemalige Grenztürme. Auch bei Point Alpha findet man einen.

Die Grenzerfahrungstour startet in der Stadt Geisa am Schlossplatz. Das Schloss beherbergt heute ein Hotel. Über den Gangolfiberg mit dem über 1000 Jahre alten Zentgericht geht es zum sogenannten Schlangenpfad. Auf diesem begegnen einem glücklicherweise keine Schlangen, sondern es wartet eine steile Hangkante, auf der sich der Pfad zum Bocksberg und weiter zum Örtchen Schleid schlängelt. Statt in den Ort geht es einen schönen Wiesenweg am Waldrand entlang. Hier sollte man unbedingt die wunderbare Aussicht auf das Ulstertal genießen!

Anschließend geht es bergauf und durch einen Kiefernwald. Hier sind nur die Geräusche der Natur zu hören: Vogelgezwitscher, das Rascheln der Blätter, das eigene Stapfen der Schritte sowie das eigene Schnaufen. Doch das soll beim Genießen der Ruhe nicht stören. Nach dem Anstieg erhebt sich das Kreuz der Geiserämter. Das fünf Meter hohe Ämterkreuz und ein Basaltrelief des Geisaer Amtes mit eingelassenen Hülsen markieren einen besonderen Punkt der Tour: Von hier hat man einen atemberaubenden Panoramablick auf die Kuppenlandschaft des Hessi-

Der Point-Alpha-Weg führt neben der ehemaligen deutsch-deutschen Grenze an Wiesen und Wäldern entlang.

schen Kegelspiels und die Höhenzüge des Geisbachtals. Logisch, dass dieser Ort für eine ausgiebige Rast genutzt wird.

Weiter führt der Weg vorbei am Ulsterblick und durch einen abwechslungsreichen Wald zum Ort Wiesenfeld. Sehenswert ist hier die Wiesenfelder Grotte, die an die geschleifte Wiesenfelder Mühle erinnert. Dann wandert man entlang des Skulpturenwegs Weg der Hoffnung. Hier markieren 14 monumentale Skulpturen auf 1,4 Kilometern ein Stück des Todesstreifens der ehemaligen innerdeutschen Grenze zwischen Hessen und Thüringen. Die eisernen Figuren sollen an den Eisernen Vorhang erinnern, die Länge des Wegs (1400 Meter) deutet auf die Länge der ehemaligen Grenze (1400 Kilometer) hin. So ist das Kunstprojekt der Point Alpha Stiftung

sowohl Kunstwerk als auch Mahnmal, das Anstoß zum Nachdenken gibt.

Über den Weg der Hoffnung führt die Tour zum ehemaligen US-Beobachtungsstützpunkt Point Alpha. Ein besonderes Erlebnis ist hier auch das Haus auf der Grenze, ein Teil des Grenzmuseums Point Alpha. Hier lässt sich auf sehr anschauliche Art und Weise ein wesentliches Element der jüngeren deutschen Geschichte erleben, ein Besuch ist auf jeden Fall zu empfehlen.

Nach so viel Geschichte geht es über den Rasdorfer Berg – mit dem schönsten Ausblick auf Geisa und das mittlere Ulstertal – zurück nach Geisa. Wer an der Gaststätte Point Alpha noch nicht eingekehrt ist, sollte dies in der Geisschänke in Geisa (www.geisschaenke.de) tun.

Fast wie die Brotkrumen aus Hänsel und Gretel: Das rote P auf weißem Grund weist den Weg.

Tipp: Noch Lust auf ein bisschen Spaß? Das Spaßmuseum im Ortsteil Spahl unterhält mit zahlreichen Witzen, Sprüchen sowie alten Gerätschaften aus dem Rhöner Landleben.

> **FAZIT: EIN VOR ALLEM GESCHICHTLICH FASZINIERENDER TAGESAUSFLUG MIT TOLLEN AUSBLICKEN.**

Hin & weg: Parkplatz am Schloss Geisa; Bushaltstelle Markt, Geisa.

Dauer & Strecke: Etwa 5 Std. (reine Gehzeit), 14,6 km.

Beste Zeit: Ganzjährig möglich, im Winter erhöhte Aufmerksamkeit.

Ausrüstung: Festes Schuhwerk, Verpflegung.

GLÜCK ERLEBEN

... auf dem Kegelspielradweg zwischen Hünfeld und Wenigentaft

Gibt es etwas Schöneres als Fahrrad fahren? Für passionierte Radler ist der Kegelspielradweg eine echte Glücksfahrt. Der Radweg verläuft weitgehend auf der Trasse der ehemaligen Bahnlinie Hünfeld–Wenigentaft. Auf 27 Kilometern gibt es Fahrradgenuss, Glücksgefühle und Überraschungen der besonderen Art.

#Bahntrasse #Bimbel #Panoramablicke #Viadukt #mitdemBikeunterwegs

Während auf dem Kegelspielradweg nur Fahrräder erlaubt sind, können sich die Kleinen hier mal als wasch-echte Biker versuchen.

→ AUSFLÜGE...

Beginn der Tour ist der Parkplatz an der Wella-straße im Gewerbegebiet Hünfeld. Entspannt, mit mäßigen, wadenschonenden Steigungen geht es über Gruben nach Burghaun. Hier gibt es ein Relikt der ehemaligen Bahntrasse: die Bimbel, einen restaurierten und bewirtschaf-teten Eisenbahnwaggon. Hier kann man gerne eine Rast in besonderem Flair machen. Weiter geht es nach Klausmarbach, wo ein besonde-res Highlight der Strecke wartet: das Viadukt

Klausmarbach. Ehrfurcht und Respekt erfül-len einen bei der Überfahrt der Brücke. In 32 Metern Höhe spannt sich das Sandstein-bauwerk über das Tal und gewährt fantas-tische Ausblicke.

Auf der Weiterfahrt erinnern einige Stücke an die Vergangenheit der »Bimbel«, wie die Bahn-linie auch liebevoll genannt wird. Alte Signal-anlagen oder Bahnhofsgebäude zum Beispiel.

Langeweile kommt auf dem Kegelspielradweg keine auf. Entweder man bestaunt Bauwerke wie das Viadukt von Klausmarbach oder amüsiert sich auf einem der vielen Rastplätze.

Empfehlenswert ist das Café Alter Bahnhof in Steinbach, das einen Zeitzeugen der Vergangenheit urig weiterleben lässt. Hier unbedingt ein leckeres Stück Torte probieren! Auf dem weiteren Weg schweift der Blick immer wieder ab, zu den spektakulären Aussichten in die offene Ferne. Umrahmt von viel Grün wird Fahrrad fahren hier zu einem wunderbaren Lebensgefühl und bestätigt die These vom Anfang. Für Überanstrengung ist kein

Gesäumt wird der gut befahrbare Fahrradweg oftmals von Wiesen und Feldern – und natürlich vom Hessischen Kegelspiel.

Platz – Gelegenheiten für eine Pause gibt es genug: zahlreiche Bänke und Ruheplätze, ja sogar ein schön gestalteter Grillplatz namens Siegels Steinbruch. Da würde man am liebsten sofort ein Steak auf den Grill legen! Umrahmt wird das alles von idyllischer Natur und Ruhe, die nur hin und wieder von kurzen Straßenabschnitten, die überquert werden müssen, unterbrochen wird. Aber immer fernab von Bundes- und Landesstraßen mit stinkenden Lastwagen. Aus Naturschutzgründen werden einige sensible Bereiche umradelt. Diese Abschnitte weichen von der gemächlichen Strecke ab und ziepen daher gerne mal in den Beinen.

Über Betzenrod geht es weiter in das Eiterfelder Gebiet, wo der Kegelspielradweg seinem Namen alle Ehre macht: sanfte Vulkankuppen am Horizont, wunderbare Ausblicke auf Sois- und Stoppelsberg, zwei Erhebungen des Hessischen Kegelspiels, und Panoramablicke, so weit das Auge reicht. Tief durchatmen, in die Natur eintauchen – und plötzlich überrascht abbremsen. Bei Leibolz zweifeln viele zunächst an ihrer Wahrnehmung: Kamele liegen genüsslich in der Sonne. Keine

Sorge, die Tiere sind echt und gehören zum Zintlhof. Immer noch leicht verwundert wird die restliche Strecke angetreten: Über Großentaft findet der Radweg in Wenigentaft in Thüringen sein Ende. Von hier gibt es den Anschluss an den Ulstertalradweg oder die Möglichkeit, über Grüsselbach auf dem Via-Regia-Radweg über Rasdorf zurückzufahren. Wer doch genug hat, kann eine Busverbindung nach Hünfeld nutzen.

Hin & weg: Kostenloser Parkplatz am Startpunkt Wellastraße; Bushaltestelle Industriegebiet, Hünfeld.

Dauer & Strecke: Ein ganzer Tag, Strecke bis Grüsselbach 27 km.

Beste Zeit: Frühjahr bis Herbst.

Ausrüstung: Fahrrad, Sportbekleidung, Versorgungsrucksack.

FAZIT: WUNDERBARER RADWEG, BEI DEM ES AUF UND NEBEN DER STRECKE VIEL ZU ENTDECKEN GIBT. EIN BESONDERES HIGHLIGHT SIND DIE 22 MUNDARTTAFELN MIT WEISHEITEN UND SPRÜCHEN.

AUF UND AB

 ... Schwarzes Moor, Lange Rhön und Gangolfsberg

 **#35**

Über Stock und Stein geht es in der Rhön nicht nur zu Fuß oder zu Pferd – auch das Mountainbike ist ein treues Gefährt, mit dem besondere Ecken der Rhön erkundet werden können, die auf anderem Wege vielleicht unentdeckt geblieben wären.

Auch per Rad lässt sich die Rhön auf wundervolle Weise entdecken. Mit faszinierenden Gebilden und atemberaubenden Ausblicken entschädigt das Gebirge für jegliche Strapazen.

Die anspruchsvolle Tour – insgesamt sind rund 45 Kilometer und etwa 740 Höhenmeter zu überwinden – beginnt in Nordheim und führt zunächst in Richtung Sondheim auf einen Schotterweg zur Rother Kuppe. Hier gibt es bereits zwei außergewöhnliche Orte zu entdecken: die kleine Waldkirche, in der Gottesdienste unter freiem Himmel stattfinden, und die sogenannte Pfingstwiese, eine weitläufige Grünfläche mit einzigartigen, unter Naturschutz stehenden Eichen. Ein faszinierendes Wunderwerk der Natur, das es so nicht oft gibt. Nach einem lang gezogenen Anstieg – Vorsicht, auf dem Schotteruntergrund fährt es sich etwas unsicher – wird die Thüringer Hütte erreicht. Hier belohnt nicht nur ein wundervoller Ausblick, sondern auch eine kurze Verschnaufpause.

Über Wiesen, Waldwege und anspruchsvolle Trails geht es durch das Kaskadental, teilweise durch eine Kernzone auf dem Wander-

Allzeit bereit: Insbesondere wenn man die Trails hinunterfährt, sollte man als aufmerksamer Radfahrer stets bremsbereit sein.

weg in Richtung Eisgraben. Dabei kann man der Frauenhöhle einen Besuch abstatten, eine kleine Höhle, in der sich die Frauen früher vor marodierenden Soldaten versteckten. Die Kaskadenschlucht wird auf Höhe des ehemaligen Rhönhofs auf der Hauenstein-Rennstrecke verlassen. Von hier geht es direkt zum Schwarzen Moor. Eine stärkende Mittagspause steht an. Das gibt Gelegenheit, die bisher gesammelten Eindrücke Revue passieren zu lassen.

Die Tour führt weiter auf einen Radwanderweg durch das Dreiländereck und in Richtung Heidelstein. Auf einem langen Wiesenweg wartet der steilste Anstieg der Tour. Hier ist Schieben keine Schande! Die Strapazen werden mit einem Panoramablick über das gesamte Dreiländereck belohnt. Nachdem man aus dem Staunen herausgekommen ist, führt der Weg weiter zum Heidelstein, bis zur Hochrhönstraße. Dieser in Richtung Kreuzberg folgend, biegen die Räder bald in Richtung Basaltsee ab. Hier wird man zum kleinen Rennfahrer, denn bis zu 60 Stundenkilometer sind ohne Probleme möglich. Am Basaltsee am Fuße des Gangolfsberges angekommen, lockt ein Kiosk mit Kaffee und Kuchen. Warum nicht eine kleine Kaffeepause machen und den Blick auf den See genießen?

Gute 15 Kilometer sind es noch: Über den Parkplatz geht es Richtung Gangolfsberg. Wer mag, kann einen kurzen Abstecher zur beeindruckenden Basaltprismenwand machen. Anschließend führt der Weg vorbei am Schweinfurter Haus, über verschiedene Trails und

Wege nach Oberelsbach. Bei den Trails ist konzentriertes und kontrolliertes Fahren angesagt – immerhin will niemand stürzen. Jetzt heißt es Endspurt: Von Oberelsbach über Urspringen und Sondheim geht es zurück nach Nordheim. Zwischendurch schweift der Blick unweigerlich hinauf zur Thüringer Hütte und zur Rother Kuppe, und man realisiert, was man geleistet hat.

Tipp: Wer sich die Navigation durch den Schilderwald nicht zutraut, macht eine geführte Tour mit einem MTB-Guide. Viele weitere Tourenvorschläge gibt es unter www.rhoen.de

FAZIT: EGAL OB MIT ODER OHNE E-ANTRIEB, DIE RHÖN IST WIE GEMACHT FÜR MOUNTAINBIKER.

Hin & weg: Mit dem Auto nach Nordheim; Bushaltestelle Oberes Tor, Nordheim (Rhön).

Dauer & Strecke: 7–9 Std. (je nach Pausenlänge und Geschwindigkeit), 45 km.

Beste Zeit: Frühjahr bis Herbst, im Sommer bei nicht zur starker Hitze.

Ausrüstung: (E-)Mountainbike, Helm, Fahrradhandschuhe, Radeloutfit, Brotzeit, Wasser, Sonnencreme.

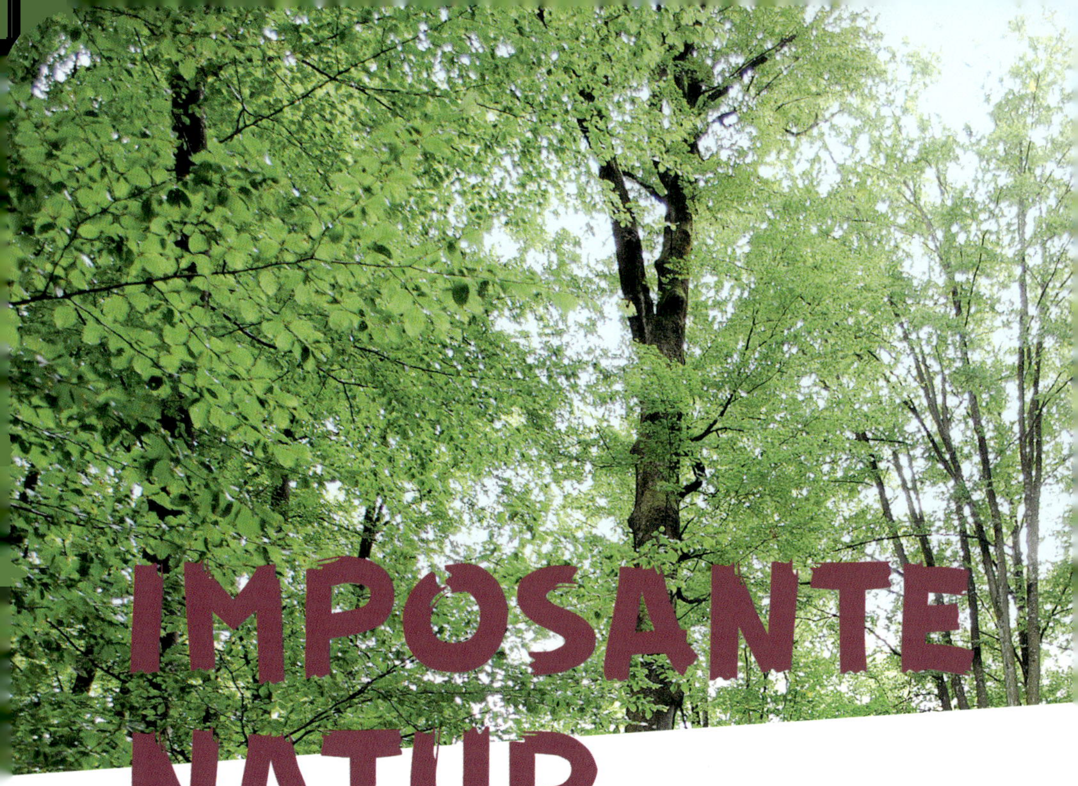

IMPOSANTE NATUR

... auf dem Pfad der Baumgiganten bei Bad Kissingen

#36

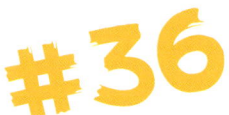

Die Natur ist äußerst faszinierend. Hier gibt es Ruhe, Entspannung und die Möglichkeit, zu sich selbst zu finden. Auf dem Pfad der Baumgiganten nahe Bad Kissingen lassen sich außergewöhnliche Besonderheiten von Mutter Natur bewundern.

#Baumriesen #Walderlebnis #Wildpark #Kaskadental #Urwald

Die Luft ganz oben muss gut sein, sonst könnten die Baumriesen wohl kaum so prächtig gedeihen.

Der Pfad der Baumgiganten in der Nähe eines Wildparks bietet sich als erlebnisreiche Wanderung für die ganze Familie an. Vom Parkplatz aus startet der Rundweg, und bereits zu Beginn wird auf Schildern darauf hingewiesen, welche Heiligtümer die riesigen Zeitzeugen darstellen. Daneben gibt es eine Tourenübersicht. Der Weg führt durch den Bad Kissinger Forst, zahlreiche Vögel zwitschern, die Blätter der Bäume rascheln – ansonsten umgibt einen nur wohltuende Stille und der Zauber der Natur.

Umgeben von Riesen fühlt man sich ganz klein. Immer wieder den Kopf neigen und mit großen Augen gen Himmel blicken, um den ganzen Verlauf der Baumgiganten zu bestaunen. Bereits zu Beginn haut einen der Erlebnispfad aus den Socken. Entlang des schattigen Waldpfades informieren zahlreiche

Nach dem entspannenden Spaziergang im Schutz der Giganten warten die heimischen Tierarten im Wildpark Klaushof darauf, entdeckt zu werden.

Hinweistafeln über die Art, Größe und das Alter der Bäume. Auch Themen rund um den Wald werden aufgegriffen. So schlängelt sich der Pfad an besonders alten und dicken Bäu-

men vorbei. Einige sind außergewöhnlich groß, andere besonders alt. So könnte es einst in den Urwäldern ausgesehen haben. Als Gigant präsentiert sich etwa auf den ersten Blick eine auf 300 Jahre geschätzte Eiche mit 38 Metern Höhe und einem Stammumfang von 3,63 Metern. Etwas weiter, bei Rotbuche, Douglasie, Weißtanne oder Fichte, die an einer Höhe von 50 Metern kratzen, hört das Staunen fast gar nicht mehr auf.

Um den Spaziergang noch ein wenig auszudehnen, ist das direkt angrenzende Kaskadental ein echtes Juwel. Am Kaskadenbach führt ein schattiger Weg entlang, der zu einem ausgiebigen Waldspaziergang einlädt. Über unzählige Stufen plätschert hier das Bachwasser bergab, umrahmt von üppig wachsenden, wunderschönen Pflanzen. Eine prima

Abkühlung an heißen Tagen. Die Umgebung und die Geräuschkulisse haben etwas Meditatives an sich und machen diesen Ausflug zu einer idealen Erholungspause für Körper, Geist und Seele.

Ebenfalls zum Kaskadental gehörig ist der Wildpark Klaushof. Hier eröffnet sich die Welt der heimischen Wildtier- und Haustierarten. Auf 30 Hektar tummeln sich 30 heimische Arten im naturnahen Umfeld. Bereits beim Betreten begrüßen einen Ziegen, Gänse und Enten freundlich. Kein Wunder, denn dank des parkeigenen Spezialfutters ist man ein gern gesehener Gast. Da dauert es auch nicht lange, bis einem auch Rhönschaf und Esel ihre volle Aufmerksamkeit schenken. Beim Familienausflug können sich die Kleinen auf den zahlreichen Naturspielplätzen und Lehr-pfaden zum Abschluss so richtig auspowern. Für eine Stärkung zwischendurch bietet sich das Forsthaus Klaushof am Parkplatz an.

> **FAZIT: EIN INSPIRIERENDER UND WOHLTUENDER TAGESAUSFLUG MIT VIEL ABWECHSLUNG, RUHE UND TIERISCHEM SPAß.**

Hin & weg: Parkplatz am Klaushof, nahe Bad Kissingen; Bushaltestelle Klaushof.

Dauer & Strecke: Ein ganzer Tag, für Pfad der Baumgiganten etwa 1 Std., ca. 2,3 km.

Beste Zeit: Das ganze Jahr möglich, von Frühjahr bis Herbst sind die Bäume besonders prachtvoll.

Ausrüstung: Festes Schuhwerk, Geld für Eintritt in den Klaushof.

KLASSISCH ODER SKATING?

 ... Langlauf in der Hohen und Langen Rhön

#37

Die Rhön ist nicht nur von Frühjahr bis Herbst ein beliebtes Ziel für Wanderer und Naturliebhaber. Auch in der kalten Jahreszeit begeistert das Mittelgebirge alle Besucher und Wintersportler. Besonders Langläufer kommen in der gesamten Rhön voll auf ihre Kosten. Hier ist für jeden etwas dabei.

Der meist lang anhaltende Winter kleidet die Rhön gut und verwandelt sonst bekannte Landschaften in scheinbar völlig neue Orte.

oder für die ganze Familie – die passende Strecke. Darüber hinaus versuchen sich Anfänger meist am Rundkurs rund um die Kissinger Hütte oder probieren den Klassiker Alte Reichsstraße aus. Wer eine Herausforderung sucht, stellt sich der Hochrhönloipe. Es ist durchaus möglich, spontan einer Tour zu folgen, da durch die gute Beschilderung mit recht genauen Entfernungsangaben ein gutes Loipennetz geschaffen wurde. Dann muss man eigentlich nur noch die Langlaufski anschnallen und loslaufen – immer der Loipe nach. Die Kombination aus sportlicher Betätigung, der wundervollen Natur sowie der Ruhe bewirkt eine erholsame Entspannung, die einem Urlaub gleichkommt.

Mann kan vollkommen ungestört die verschneite Landschaft genießen, dem vereinzelten Zwitschern von Vögeln zuhören und staunend die weiten Blicke, die das Land der offenen Fernen bietet, betrachten. Alles in vollkommener Ruhe – alles vollkommen allein. Lediglich ein gleichgesinnter Langläufer kommt einem hin und wieder entgegen. Ein gemeinsames Ziel vereint: die Ruhe und die Natur genießen. Da wird die körperliche Anstrengung zur fast vergessenen Nebensache. Wenn man eine Pause benötigt, laden unweit der Loipen zahlreiche Hütten zur Einkehr oder Bänke zur Rast ein. So kann man getrost einen wunderbaren Wintertag in den recht schneesicheren Höhen der Rhön verbringen und einige Kilometer »langlaufen«.

Das Winterwunderland Rhön bietet in allen drei Ländern – Bayern, Hessen und Thüringen – zahlreiche, gut ausgeschilderte Routen für jede Langlauftechnik, jeder Länge und in jedem Schwierigkeitsgrad. Ob in Bayern rund um die Rother Kuppe, am Kreuzberg und Arnsberg, in Hessen im Loipenzentrum Rotes Moor, am Feldberg oder rund um Schwedenwall und Wasserkuppe sowie in Thüringen an der Hohen Geba oder dem Ellenbogen: Überall finden Wintersportbegeisterte ideale Bedingungen vor. Denn die Loipen werden regelmäßig von fleißigen Schneeraupen gespurt und aufbereitet.

Das bekannteste Gebiet ist das Loipenzentrum am Roten Moor. Hier gibt es für jeden – egal ob Anfänger, Fortgeschrittener

Tipp: Ein besonderes Highlight ist die Flutlichtloipe am Arnsberg. Der relativ leichte,

Hier hat man die Qual der Wahl: Gerade bei schönem Wetter ist die winterliche Rhön mit ihrem umfassenden Loipennetz ein Paradies für alle Langlaufsportler.

rund 900 Meter lange Rundkurs sticht besonders durch die Beleuchtung innerhalb der Rhöner Loipen hervor.

Hin & weg: Zahlreiche Parkplätze an jedem Loipeneinstieg; von Gersfeld aus fährt ein lokaler Skibus einige hessische Stationen an (auf Vorbestellung).

Dauer: Für pure Entspannung einen ganzen Tag einplanen; zahlreiche Strecken unter www.rhoen.de

Beste Zeit: Winter (bei Schnee).

Ausrüstung: Langlaufski, Stöcke, Schuhe, Sportklamotten (zahlreiche Ausleihmöglichkeiten).

WIE EIN YETI IM SCHNEE

... Schneeschuhwanderung um den Spielberg

Tiefschnee, verschneite Landschaften, weiße Bäume und jede Menge Stille – die märchenhafte Rhöner Winterlandschaft lässt sich beim Schneeschuhwandern auf sportliche und besinnliche Weise genießen.

Rund um den Spielberg in der Thüringischen Rhön gibt es Schnee, so weit das Auge reicht: Dank der Schneeschuhe kann einen selbst Tiefschnee nicht aufhalten.

Manch ein Wanderweg, der im Sommer heiß begehrt und zuhauf gelaufen wird, scheint in der kalten Jahreszeit in den Winterschlaf gefallen zu sein. Daher ist auf der Winterwanderung mit den besonderen Schuhen nur der Schnee, der unter den Schuhen knirscht, zu hören. Entspannung pur! Die Schneeschuhe werden einfach an die Winterschuhe angeschnallt, die passenden Stöcke in die Hand genommen und los geht's!

Schritt für Schritt, ähnlich wie beim Nordic Walking, wird durch den Schnee gestapft. Dank der speziellen Schneeschuhe ist ein zu tiefes Einsinken auch bei Tiefschnee nicht möglich. Eine schöne Rundtour führt beispielsweise rund um den Spielberg herum und startet am Skilift Zuckerfeld. Nach einem kurzen, steilen Anstieg neben der Liftanlange

führt der Weg durch den Wald des Hemmhaucks und entlang von Wiesen und Weiden zum Oberkohlgraben. Eine wertvolle Orientierungshilfe ist das blaue Schild für den Rundwanderweg 2. Anschließend geht es durch den sogenannten Glaswald und am Ostrand des Hemmhaucks entlang wieder zurück zum Skigebiet Zuckerfeld.

Uff! Die bewältigten 170 Aufstiegshöhenmeter bringen einen teilweise ganz schön aus der Puste. Eine kleine Verschnaufpause sei einem daher ruhig immer wieder mal gegönnt. Dann kann der Blick auch über das wunderschöne Umfeld schweifen, und die innere Ruhe kann sich einstellen. Die Anstrengung lohnt sich, denn es gibt fast kein friedlicheres Bild als die verschneite Landschaft der Rhön, die weiten Blicke, die sich ergeben, und die

Der Startpunkt der Schneeschuhwanderung ist der Skilift Zuckerfeld, für Skifahrer und Snowboarder ein beliebter Ort für alpines Vergnügen.

wohltuende Stille, die dieses Wintererlebnis einmalig macht.

Tipp: Die Wege zum Schneeschuhwandern sind nicht speziell gekennzeichnet oder markiert. Die Orientierung erfolgt an bestehenden Wanderwegen. In den Tourist-Informationen oder auf der Website www.rhoen.de sind zahlreiche mögliche Routen aufgelistet. Wer zudem keine Schneeschuhe hat, kann sie sich beispielsweise bei Tourist-Informationen oder Sportartikel-Geschäften ausleihen.

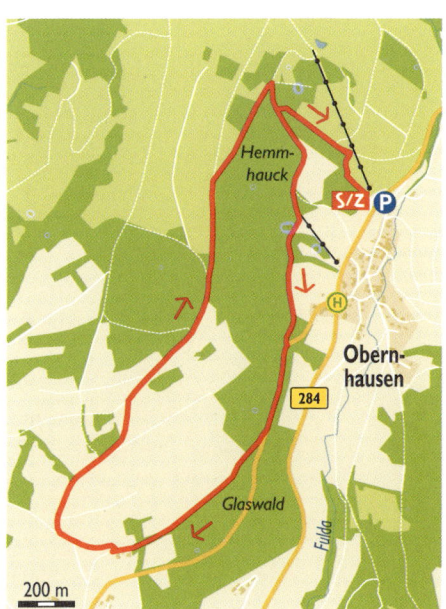

Hin & weg: Mit dem Auto zum Skilift Zuckerfeld in Obernhausen, Parkmöglichkeiten vorhanden; Bushaltestelle Obernhausen.

Dauer & Strecke: 4,5–6 Std. (je nach Tempo und Schneehöhen), 4,7 km.

Beste Zeit: Winter.

Ausrüstung: Ski- bzw. Schneeanzug, festes Schuhwerk, Schneeschuhausrüstung, Verpflegungsrucksack.

NATUR TRIFFT KULTUR

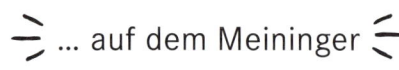 … auf dem Meininger

Dicht an den Stadtrand Meiningens angeschmiegt, gibt es eine hübsche Tour, die Kulturhistorie mit geologischen Besonderheiten verbindet, zahlreiche schöne Aussichtspunkte sowie malerische Waldpassagen bietet: der Meininger.

#Extratour #Stadtbummel #Aussichtspunkte #Schlösser #schönsterBalkon

Die Stadtkirche Unserer lieben Frauen fällt beim Blick auf die Stadt Meiningen gleich ins Auge.

Startpunkt der Wanderung ist die Bogenbrücke am Barockschloss Elisabethenburg, das der Stadt Meiningen unter anderem als Museum, Stadtverwaltung und Standesamt dient. Der Weg führt zunächst durch den Waldpark zu einem beliebten Aussichtspunkt, dem Dietzhäuschen. Auf dieser Strecke wartet bereits der erste Anstieg – der Weg führt sogar teilweise serpentinenartig hinauf. Doch der malerische Wald und der Ausblick vom Dietzhäuschen entschädigen für diese erste Strapaze. Von hier überblickt man die ganze Stadt, sieht das prachtvolle Schloss Elisabethenburg, das als ehemaliges Residenzschloss mit seinen zahlreichen Fenstern gar nicht übersehen werden kann, das Staatstheater oder die Stadtkirche Unserer lieben Frauen, auch St. Marien genannt. Nicht umsonst wird der Aussichtspunkt als »schönster Balkon Meiningens« bezeichnet.

Auf dem weiteren Weg geht es überwiegend auf schmalen Pfaden weiter. Dennoch gibt es genug Gelegenheit, die zahlreichen Baumriesen zu bestaunen. Gestaunt wird auch am nächsten Aussichtspunkt, der Schaubachhütte. Anschließend geht es zum Fuß des Landsberges mit seinem Märchenschloss. Von hier führt ein schmaler Weg durch Hallenwälder entlang des Steilhangs zu einem malerischen Gesamteindruck: Eingebettet in einen lichten Wald mit Aussichtspunkt, erwartet einen die Ruine der Habichtsburg.

Über den Ort Dreißigacker verläuft der Weg am Fliederhain vorbei – hier erblüht vor allem Mitte Mai der Flieder in großen Flächen – und erreicht die Goetz-Höhle, die größte für den Besucherverkehr zugelassene Kluft- und Spalthöhle Europas. Der Rundweg endet wieder am Schloss Elisabethenburg. Die direkte Lage an der Meininger Innenstadt lädt anschließend jeden ein, einen gemütlichen Stadtbummel zu unternehmen und die beeindruckende Innenstadt live zu erleben. Sehenswert sind zum Beispiel die Stadtkirche und das Meininger Theater.

Tipp: Aufgrund von Bauarbeiten ist die Goetz-Höhle nur unregelmäßig geöffnet. Daher vorher unbedingt informieren, falls ein Besuch geplant ist. Wer den Tag in Meiningen abschließen will, sollte unbedingt einen Stadtrundgang unternehmen, sich Schloss Elisabethenburg, die Stadtkirche sowie das Meininger Theater ansehen und im Sächsischen Hof einkehren. Hier grenzt auch der Englische Garten an, der mit seiner schönen Anlage besonders zum Entspannen einlädt.

Nach einer kurzen Wanderung erreicht man von Schloss Elisabethenburg das Dietzhäuschen. Es wird als schönster Balkon Meiningens bezeichnet und hat diesen Spitznamen mehr als verdient.

FAZIT: ZAHLREICHE SAGENHAFTE AUS-BLICKE IN VERBINDUNG MIT NATUR, KUL-TUR UND STADTLEBEN.

Hin & weg: Parken am Parkplatz Zentrum West in Meiningen; Bushaltestelle Busbahnhof Meiningen.

Dauer & Strecke: 3–4 Std., Wanderung (ohne Pause) 12,3 km. Mit Stadtbummel, Pausen und Besuch der Goetz-Höhle ein gelungener Tagesausflug.

Beste Zeit: Ganzjährig. Im Mai zur Fliederblüte besonders schön, im Winter kann es teils glatt werden.

Ausrüstung: Festes Schuhwerk, gepackter Wanderrucksack.

WINTER-SPAZIER-GANG

⫸ ... rund um das Schwarze Moor ⫷

#40

Die Rhön bietet im Winter einzigartige Erlebnisse und erstrahlt in glitzernd weißer Pracht. Sie ist auf den ersten Blick nicht wiederzuerkennen.
Ein langer Winterspaziergang rund um das Gebiet des Schwarzen Moores gibt einen wunderbaren Einblick in die etwas andere Seite des Mittelgebirges.

Wo sich im Sommer zahlreiche Wanderer, Fahrrad- und Motorradfahrer treffen, ist es im Winter wesentlich ruhiger. Ideal, um einen entspannten Winterspaziergang zu starten.

Der Spaziergang startet am Parkplatz Schwarzes Moor. Auffällige rote Schilder weisen den Weg zwischen verschneiten Flächen entlang. Wo im Sommer viel Betrieb herrscht, ist jetzt im Winter meist das Gegenteil der Fall: Alles ist ruhig, friedlich und liegt in vollkommener Stille. Da die Begehung des Moores selbst im Winter verboten ist, führt der Winterwanderweg in Richtung Nordwesten, vom Moor weg. Doch obwohl von der sonst so prachtvollen Flora der Rhön nicht viel zu sehen ist, hat die weiße Pracht auf der Rhöner Landschaft etwas Zauberhaftes, Verträumtes an sich. Hier kommt man zur Ruhe, kann in sich gehen, hört nur die eigenen knarzenden Schritte im Schnee. Hin und wieder ziehen Langläufer vorbei, deren Loipenspur aber bald vom Winterwanderweg wegführt.

Einfach nur für sich sein, dafür ist ein ausgedehnter Winterspaziergang genau das Richtige. Von Langeweile beim Anblick der immerweißen Schneepracht keine Spur: Immer wieder schweift der Blick in die Ferne ab, nimmt die Bilder der bezaubernden Landschaft auf. Die kristallklare Luft tut gut. Ein, aus – den eigenen Atem in der Kälte zu beobachten, ist fast genauso schön, wie sich am Glitzern der verschneiten Wege und Felder zu erfreuen. Vor allem bei Schneefall ist sonst kaum eine Menschenseele anzutreffen. Einfach mal allein sein und dem Weg in Richtung bayerisch-thüringischer Grenze folgen. Woran man sie erkennt? Die Route führt an einem alten Grenzturm vorbei, der an vergangene Zeiten erinnert, als Deutschland noch in die DDR und die Bundesrepublik Deutschland ge-

Auch wenn die Bäume im Winter kahl und ohne Blätter sind, geben sie, umringt von Schnee und Kälte, ein prachtvolles Bild ab.

teilt war. Sogar ein Graben und ein Zaun sind zu erkennen. Eine Tafel erklärt den Aufbau der ehemaligen Grenzbefestigung.

Zurück in der Gegenwart führt der Weg über Felder, entlang der Landesgrenze durch einen kleinen Wald. Nicht weit entfernt sind ein Piepsen und Motorengeräusche zu hören. Ein Auto auf Winterwander(ab)wegen? Die Verwirrung klärt sich schnell: Pflichtbewusste Pistenraupen drehen ihre Runden auf den gekennzeichneten Wegen und sorgen dafür, dass diese geräumt sowie die Loipen gespurt sind. Ein gern angenommenes Angebot, fällt es doch wesentlich leichter, auf geräumten Wegen zu wandeln, als mühselig durch Tiefschnee zu stapfen. Es geht weiter in Richtung Sennhütte. Hier bietet sich eine Rast und damit die Chance zum Aufwärmen an. Zudem ist das Trinkwasser aus der hauseigenen Basaltgesteinsquelle ein guter Durstlöscher. Dazu ein Stück hausgebackener Kuchen und ein warmer Kakao, und die Kälte vor der Tür ist vergessen. Nach der Pause geht es zurück in die Kälte und den Winterzauber der Rhön. Gemütlich führt der Weg weiter über Wiesen zurück zum Parkplatz am Schwarzen Moor.

Tipp: Weiterwandern nach dieser kurzen Grenzrunde lohnt sich! Einfach an den roten Schildern orientieren und in Richtung Frankenheim oder Eisgraben weiterspazieren.

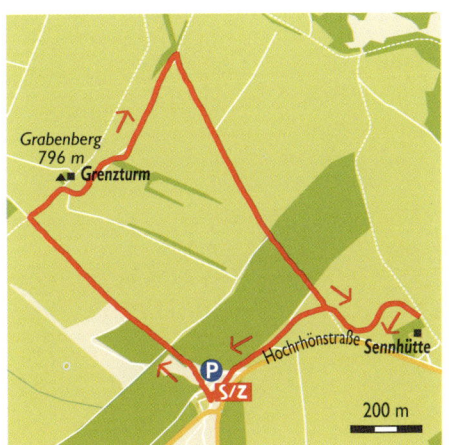

Hin & weg: Parkplatz Schwarzes Moor; Bushaltestelle Schwarzes Moor/Dreiländereck.

Dauer & Strecke: Ein ganzer Tag, Grenzrunde etwa 2–3 Std. reine Spazierzeit, ca. 3,6 km.

Beste Zeit: Winter.

Ausrüstung: Festes Schuhwerk, Winterklamotten.

3. KAPITEL
MINIURLAUB

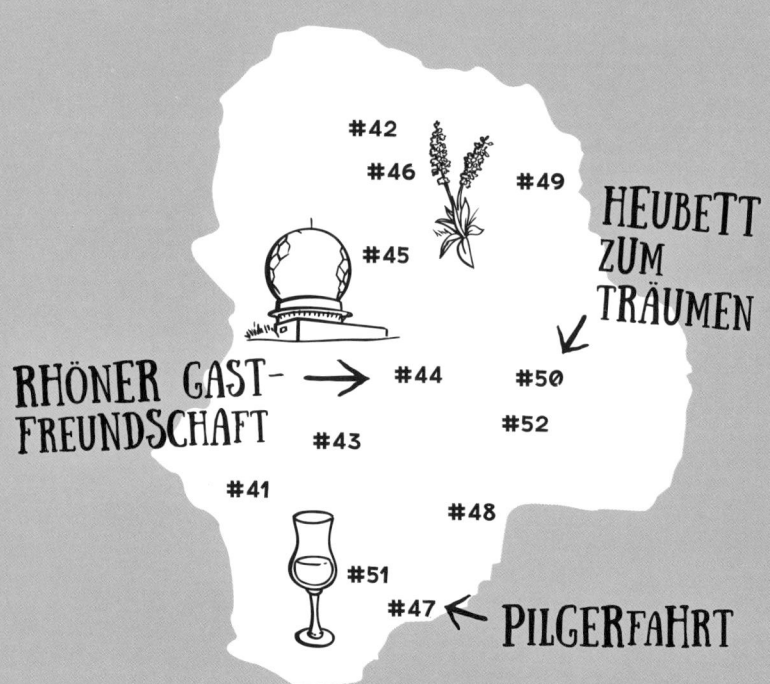

#42

#46

#49

HEUBETT
ZUM
TRÄUMEN

#45

RHÖNER GAST-
FREUNDSCHAFT → #44

#50

#52

#43

#41

#48

#51

#47 ← PILGERFAHRT

Ferien für ein Wochenende

Was gibt es Schöneres, als die Gegend zu erwandern, dabei Ruinen und Brauereien zu entdecken oder Wissenswertes über den Weinanbau zu erfahren?

36 H

#41 ... die Ruinen der Drei-Länder-Rhön   Seite 174

#42 ... das Hessische Kegelspiel   Seite 178

#43 ... Schwarze Berge und Kreuzberg   Seite 182

#44 ... im Roten und Schwarzen Moor   Seite 186

#45 ... auf dem Hochrhöner®   Seite 190

#46 ... auf dem Jakobsweg   Seite 194

#47 ... die Weinerlebniswege in Ramsthal   Seite 198

#48 ... auf dem Bierradweg durch Rhön-Grabfeld   Seite 202

#49 ... von der Roßdorfer Kutte zum Rothsee   Seite 206

#50 ... in Ostheim vor der Rhön   Seite 210

#51 ... auf dem Brennerweg   Seite 214

#52 ... im Landkreis Rhön-Grabfeld   Seite 218

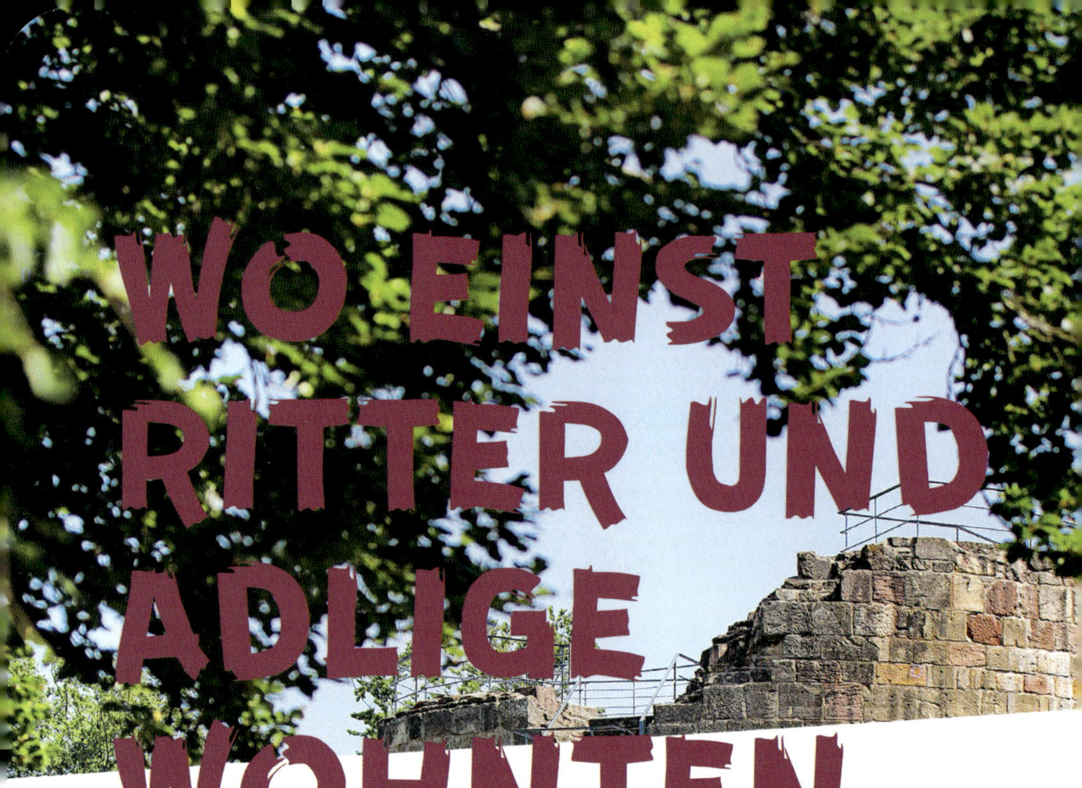

WO EINST RITTER UND ADLIGE WOHNTEN

... die Ruinen der Drei-Länder-Rhön entdecken

#41

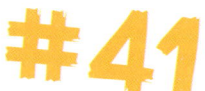

Es gibt sie an vielen Orten der Rhön, meist in strategisch wertvollen Positionen: prachtvolle Burgen. Vor allem im Sinntal, in Osthessen, der Region um den Kreuzberg, nahe Meiningen, sowie in Ostheim gibt es beeindruckende Burgenreste, die das frühere Leben von Rittern und Adligen verdeutlichen.

#Mittelalter #Burgen #Geschichte #DreiLänderRhön

Jährlich herrscht auf Burg Schwarzenfels buntes Treiben, wenn wieder die beliebten Ritterspiele stattfinden.

Die Tour beginnt im Sinntal: Hier thront Burg Schwarzenfels, eine Ruine, die noch sehr gut erhalten ist und jährlich sogar von Ritterspielen bevölkert wird. Ein Blick vom Bergfried verdeutlicht ihre beherrschende Lage, weite Blicke in den nördlichen Spessart sowie die nahe Rhön ergeben sich. Anschließend unbedingt ein Stück selbst gebackenen Kuchen im Café in der Burg genießen. Die Tour führt weiter zur Ebersburg. Auf einem Rundweg, der durch einen schattigen Wald führt, wird

die Ruine erreicht. Es ist beeindruckend, welche Bauwerke die Menschen bereits früher gebaut haben. Auch hier kann man vom Aussichtsturm aus die günstige Lage nachempfinden: Auf der einen Seite blickt man in das Fuldaer Land, auf der anderen sind die Wasserkuppe und die Hohe Rhön zu sehen.

Von Hessen geht es nach Bayern: Südwestlich von Bischofsheim stehen die Reste der romanischen Wehranlage der Osterburg. Bis heute

Egal, ob von der Ruine Ebersburg (links) oder von Burg Schwarzenfels (rechts) aus: Die Bergfriede der Ruinen eröffnen weite, atemberaubende Blicke in die Umgebung.

wird die Geschichte der Ruine erforscht. Hinweistafeln, die den Weg zur Ruine säumen, informieren über die Bemühungen des hiesigen Vereins. Wie so oft kann die Rhön als Land der offenen Fernen auch von der Osterburg aus erlebt werden: weite Blicke, prachtvolle Landschaften und die umliegenden Ortschaften, die aus der Höhe so klein wirken.

Am zweiten Tag geht es in östlichere Gefilde. In Walldorf steht eine beeindruckende Kirchenburg, die vor einigen Jahren einem Brand zum Opfer fiel, von der Bevölkerung mit viel Einsatz aber wieder aufgebaut wurde. Heute dient sie unter anderem als Biotopkirche und wird auch wieder für Gottesdienste genutzt. Historische Mauern, die ideal in die Moderne eingegliedert wurden. So viel Einsatz und Hingabe sind beeindruckend und erfüllen einen mit Ehrfurcht und Bewunderung.

Nun führt der Weg weiter zur Stammburg der Grafen von Henneberg. Die Burgruine Henneburg lag zu DDR-Zeiten im allgemein unzugänglichen Sperrgebiet. Über einen kurzen Anstieg geht es direkt zur Burganlage, die Grillmöglichkeiten bietet und auch als Veranstaltungsort genutzt wird. Einmalig ist hier der Blick ins Henneberger Land. Ein alter Grenzturm erinnert dabei stets an die Zeit der

Hin & weg: Burg Schwarzenfels, Schlossgasse 24, 36391 Sinntal.

Dauer & Strecke: Ein ganzes Wochenende.

Beste Zeit: Ganzjährig möglich, jede Jahreszeit hat ihren persönlichen Charme.

Ausrüstung: Festes Schuhwerk, Auto.

Wenn es Nacht wird: Rhönhaus mit Kreuzbergblick, Osterburgstraße 43, 97653 Bischofsheim an der Rhön.

Die Ruinen der Rhön hatten oftmals unterschiedliche Funktionen. Mal als Kirchenburg wie in Walldorf (oben) oder als Stammburg eines Grafengeschlechts wie die Burgruine Henneburg (unten).

deutschen Teilung. Zum Abschluss geht es wieder gen Süden, in den bayerischen Teil der Rhön. Nahe Ostheim liegt die Ruine Lichtenburg, die von einer umfangreichen Wallanlage umschlossen ist. Ihr Bergfried ist sogar

Schauplatz eines Romans (»Der Turm« von Uwe Müller). Auch die hier ansässige Gaststätte ist im mittelalterlichen Stil eingerichtet und versetzt einen in die Vergangenheit.

Tipp: Für Geschichtsinteressierte lohnt es sich auf jeden Fall, die Informationstafeln der Ruinen aufmerksam durchzulesen, eine wunderbare Zeitreise. Wer zudem nach der Ruinentour noch Zeit hat, kann von der Lichtenburg aus direkt in den Wanderweg Ostheimer (Eskapade #26) starten.

FAZIT: EINE ABWECHSLUNGSREICHE TOUR, DIE NEBEN GESCHICHTLICHEM AUCH LANDSCHAFTLICH VIEL ZU BIETEN HAT. ZUDEM ENTDECKT MAN UNTERWEGS ALLE DREI LÄNDER DER RHÖN.

ALLE ELFE!

≳ ... das Hessische Kegelspiel ≲

Das Hessische Kegelspiel in der Rhön ist weithin bekannt. Anders als beim Sport gibt es hier aber sogar elf Kuppen zu erklimmen – neun Kegel, die Kugel und den Spieler. Alle zu meistern, ist eine Herausforderung.

Hier geht es lang: Auch ohne Beschilderung weisen bestehende Wanderwege die richtige Route.

→ MINIURLAUB

Startpunkt der Wanderung ist der Hohenrodaer Ortsteil Soislieden. Von hier wird der erste und mit 630 Metern höchste Kegel angesteuert: der Soisberg. Es geht hinauf zu einem Aussichtsturm, von dem sich gerade in den frühen Morgenstunden faszinierende Bilder ergeben. Die phänomenale Aussicht lässt einen die Rhön sehr intensiv erleben. Weiter geht es südwärts hinab nach Unterufhausen. Bis zum zweiten Kegel ist es weit – erst hinter Großentaft führt der Weg steil bergauf zum Gipfel des Kleinbergs.

Es geht direkt zum kleinsten Vertreter des Kegelspiels, dem Gehilfersberg. Er trägt eine 1630 errichtete Wallfahrtkirche, die nach einem Brandanschlag 1986 originalgetreu wieder aufgebaut wurde. Weiter geht es jenseits der Rasdorfer Feldflur zum Morsberg. Dieser Kegel liegt im Naturschutzgebiet, wo es auf einem schmalen Pfad nach kurzer Zeit steil hinauf zum Gipfel geht. Hier zeugen Geländeformen von einer Burgruine. Die Bundesstraße 84 überqueren und zum südlichsten Kegel marschieren. Der 479 Meter hohe

Neben den elf Bergen des Hessischen Kegelspiels kann man auf dieser Tour auch einige Aussichtstürme und Ruinen erklimmen.

Der zweite Tag startet am Parkplatz Stallberg und führt selbigen hinauf. Der beherrschende Berg der Gegend bietet als Basaltberg mit urigen Bäumen und Basaltblöcken ein schönes Bild. Der Stallberg wird umrundet, der Weg führt gen Norden. Über die Antsanvia erreicht die Route den unscheinbaren Appelsberg, der es mit dem weglosen Direktanstieg durch den Basaltblockwald aber in sich hat. Gut, dass die Nachtruhe noch nicht lange her ist! Es geht hinab und den Rückersberg wieder hinauf. Die Gipfel ähneln sich, doch hier lässt sich beispielsweise die herrliche Aussicht auf die Thüringische Rhön, die Milseburg und die Wasserkuppe genießen. Der Nächste! Der Lichtberg fasziniert mit dem ehemaligen Steinbruch an seiner Nordseite. Hier nach Südsüdwest richten und dem Wieselsberg zuwenden. Dort warten pittoreske Felsformationen und ein offener Steinbruch.

Hübelsberg ist zwar unscheinbar, beeindruckt aber mit interessanten Felsformationen. Die bisher erklommenen fünf Kegel sollen für den ersten Tag aber reichen. Es warten immerhin noch sechs darauf, bestiegen zu werden.

Es folgt ein langes Wegstück durch flaches Buntsandstein-Tafelland, an Betzenrod vorbei, durch die Feldflur nach Steinbach und weiter

Ähnlich aber nie ganz gleich: So gestaltet sich die Natur auf den Kegeln des Hessischen Kegelspiels. Wer es richtig kennenlernen will, sollte alle erklimmen.

nach Oberstoppel bis zum Stoppelsberg. Es geht hoch zum Gipfel zur Burgruine Hauneck, den Bergfried der Basaltruine aus dem 14. Jahrhundert hinauf. Geschafft! Über das Naturdenkmal Lange Steine geht es hinab zur ehemaligen Sennhütte am Ilmesbach, wo die besondere Tour endet.

Tipp: Am einfachsten ist es, wenn man für Tag eins sein Auto am Parkplatz Stallberg abstellt und sich zum Start nach Soislieden fahren lässt. Für Tag zwei kann man das Auto an der Sennhütte bei Rothenkirchen abstellen und sich zum Stallberg fahren lassen. Wer komplett auf das Auto verzichten möchte, kann nach dem Gehilfersberg nach Rasdorf wandern und sich die restlichen Erhebungen am zweiten Tag vornehmen.

FAZIT: EINE ANSPRUCHSVOLLE RHÖN-TOUR, DIE SO WOHL NUR VON WENIGEN BESTRITTEN WIRD.

Hin & weg: Parken in Soislieden, Bushaltestelle Mansbach Schloss.

Dauer & Strecke: Ein ganzes Wochenende, etwa 45 km.

Beste Zeit: Frühjahr bis Herbst.

Ausrüstung: Festes Schuhwerk, Verpflegung, Trittsicherheit, Orientierungssinn.

Wenn es Nacht wird: Übernachtungsmöglichkeiten in Rasdorf (nahe des Startpunkts für den zweiten Tag), beispielsweise der Landgasthof zum Adler, weitere Unterkünfte unter www.hessisches-kegelspiel.de

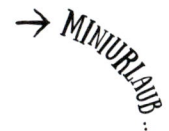

VIEL RHÖN VOR DER HÜTT'N

… Schwarze Berge und Kreuzberg

Die Rhön ist für ihre sagenhaften Aus-blicke und die überwältigende Landschaft bekannt – und für ihre Gastfreundlichkeit. Bei einer Hüttentour kann man sich rund um die Schwarzen Berge und den Kreuz-berg von der Rhöner Gastfreundschaft überzeugen.

Über Stock und Stein: Auf zahlreichen Wegen ist Trittsicherheit geboten, aber Orte wie des Teufels Tintenfass entschädigen für jede Unebenheit.

Start der Tour ist das Haus der Schwarzen Berge in Oberbach. Hier weist die Beschilderung der Extratour Hüttentour – rotes H auf

weißem Grund – den Weg, führt durch den Ort und verlässt Oberbach in Richtung Eckartsroth. Entlang der Sinn geht es durch die Wälder des Großen Auersbergs bis hin zu einer Kapelle mit wunderbarem Ausblick auf Riedenberg. Nach dem Abstieg in den Ort durchquert die Tour das Erholungsgebiet Farnsberg und führt zum Berghaus Rhön. Dabei geht es teils ganz schön bergauf! Auf dem Weg eröffnet sich das sogenannte Tintenfass. Der Blick auf den Basaltsee, der in einem ehemaligen Steinbruch liegt, hat etwas Friedliches an sich. Dann geht es zur ersten Hütte der Tour: dem Berghaus Rhön.

Nach einem kurzen Päuschen geht es über eine große Wiese in Richtung Würzburger Haus. Links und rechts vom Wiesenpfad blüht

Völlig egal ob sie eher groß oder klein sind: Viele Häuser und Hütten der Rhön bieten Wanderern unterwegs eine Gelegenheit zur Rast.

die zauberhafte Flora der Rhön, und herumfliegende Schmetterlinge lassen einen träumerisch die Natur genießen. Vom zweiten Etappenziel aus führt der Weg angenehm durch den Wald. Der Beschilderung zur Kissinger Hütte folgend, am Eisernen Kreuz vorbei, lädt diese bald mit ihrem schönen Außenbereich und dem sagenhaften Ausblick auf den Kreuzberg und die Hohe Rhön zu einer Pause ein. Das letzte Ziel des ersten Tages ist sichtbar: das Kloster Kreuzberg. Es geht meist durch Wald, über die Straße beim Parkplatz Guckaspass und weiter durch die Wälder des Kreuzberges hinauf zum Kloster. Hier ist auf jeden Fall Trittsicherheit gefragt, denn Wurzeln, Steine oder rutschige Wege sind keine Seltenheit. Am Kloster angekommen, ist die Hälfte der Hüttentour geschafft.

An Tag zwei geht es direkt zum Gipfel des Kreuzberges, von dem sich ein phänomenales Panorama auf Arnsberg, Wasserkuppe, Feuerberg und weitere Erhebungen der Rhön bietet. Unweit liegt die Gemündener Hütte, die über schöne Wiesenpfade für ihre Gäste erreichbar ist. Wer Zeit hat, genießt hier im Biergarten ein wenig die Natur, die Ruhe und den Ausblick. Anschließend geht es durch bewaldetes Gebiet zum Neustädter Haus. Der Ausblick von der Rhönklubhütte ist ebenfalls nicht zu verachten. Von hier ist es nicht weit zum Eschenbrunnen, von dem aus der Rundweg 5 wieder in Richtung Kreuzberg führt. Anschließend weisen die Schilder zur Kissinger Hütte den weiteren Weg. Es geht wieder durch Wälder, kleine Bächlein bieten eine kurze Abkühlung und sorgen für eine entspannte

Wanderung. Wieder an der Kissinger Hütte angekommen, geht es über die Extratour Basaltweg – rotes B auf weißem Grund – wieder nach Oberbach. Der Abstieg beeindruckt mit einer abwechslungsreichen Landschaft, die die Hüttentour gelungen abrundet.

Tipp: Viele Wege führen den Kreuzberg hinauf. Dank der guten Beschilderung erreicht man das Ziel garantiert.

FAZIT: WUNDERBARE HÜTTEN, PHÄNOMENALE AUSBLICKE UND ATEMBERAUBENDE NATUR – EIN TOLLES RHÖNERLEBNIS.

Hin & weg: Parkplatz beim Haus der Schwarzen Berge in Oberbach; Bushaltestelle Oberbach Informationszentrum, Wildflecken.

Dauer & Strecke: Ein ganzes Wochenende, Tag eins ca. 22 km, Tag zwei ca. 20 km.

Beste Zeit: Ganzjährig möglich.

Ausrüstung: Festes Schuhwerk, Verpflegungsrucksack, Trittsicherheit.

Wenn es Nacht wird: Übernachtungsmöglichkeiten beim Kloster Kreuzberg. Wem es am ersten Tag bis dahin zu weit ist, kann auch in der Kissinger Hütte übernachten.

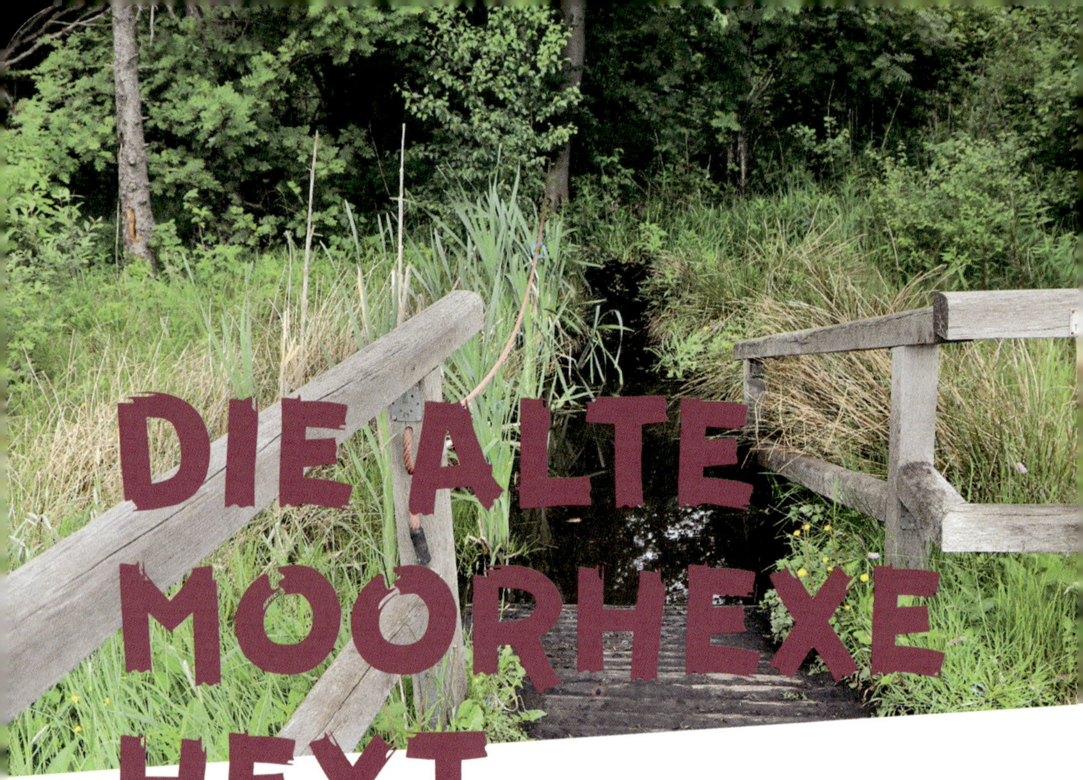

DIE ALTE MOORHEXE HEXT

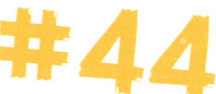

... im Roten und Schwarzen Moor

#44

Moore sind faszinierend, bergen eine große Artenvielfalt und lassen Liebhaber häufig nicht mehr los. In der Rhön gibt es mit dem Roten und Schwarzen Moor zwei besondere Flächen, die begehbar sind und an einem Wochenende ausgiebig erkundet werden können.

#seltenePflanzen #RotSchwarz #Faszination #Spaziergang #Lehrpfad

Ein Lehrpfad rund um das Rote Moor beginnt am Parkplatz Moordorf. Der Weg führt zunächst in Richtung Moorsee. Schon bald fasziniert einen die sagenhafte Tier- und Pflanzenwelt, die sich in Hessens einzigem Hochmoor beobachten lässt: Torfmoose, Siebenstern, Sumpf-Blutauge, Moosbeere und Wollgras sind nur einige von ihnen. Auf dem Moorsee brüten in der Regel Zwergtaucher, Krickente und Teichralle, und auch sonst lassen sich im Karpatenbirkenwald, durch den der Lehrpfad führt, einige andere seltene Artgenossen be-

staunen. Der Weg geht in einen Bohlenpfad über und führt zum Aussichtsturm. Von hier ergibt sich ein guter Überblick über das gesamte Moorgebiet. Entlang des Bohlenpfads informieren zahlreiche Tafeln über die Besonderheiten, den Nutzen und das Leben in den Mooren.

Dem Rundweg 3 folgend, geht es über die Alte Reichsstraße zum Sattel zwischen Wasserkuppe und Rotem Moor, durch das Grumbachtal an die Grenze des Naturschutzgebiets.

Herz eines Moores ist meist der Moorsee oder das Moorauge. Bohlenwege machen die Begehung sicherer.

Direkt vor einem befindet sich der Mathesberg, der umrundet wird. Durch Jungviehweiden, kurz über die B278 wird der Parkplatz Moorwiese erreicht, hier führt ein Pfad zurück zum Parkplatz. Man sollte unbedingt die Augen offen halten, denn man kommt an der ehemaligen Dorfstelle von Rothenmoor vorbei, das im Dreißigjährigen Krieg zerstört wurde. Eine Informationstafel und ein restaurierter Brunnen sind die letzten Zeugen. Zum Abschluss des Besuchs im Roten Moor lohnt sich die Besichtigung des NABU-Hauses am Roten Moor. Hier gibt es eine Ausstellung und eine Gastwirtschaft. Bevor der erste Tag endet, geht es mit dem Auto weiter zum Parkplatz am Schwarzen Moor.

An Tag zwei steht das Schwarze Moor auf dem Programm. Auf einem 2,3 Kilometer langen Bohlenrundweg lernt man eines der bedeutendsten Hochmoore Mitteleuropas kennen. Von 23 Informationstafeln flankiert, auf dem Moorgebiet wandeln, seltene Pflanzen- und Tierarten entdecken und sein bereits erworbenes Wissen rund um die mystischen Moore erweitern. Besonders beeindruckend ist das Moorauge. Wie tief es da wohl hinuntergeht?

Hin & weg: Parkplatz Moordorf; Bushaltestelle Rotes Moor.

Dauer & Strecke: Ein ganzes Wochenende; erster Tag ca. 4 Std., 10 km; zweiter Tag ca. 5 Std., 12,2 km.

Beste Zeit: Frühjahr bis Herbst. Im Winter ist der Zutritt zum Schwarzen Moor verboten.

Ausrüstung: Festes Schuhwerk, Wissbegierde.

Wenn es Nacht wird: Übernachtungsmöglichkeiten im Berggasthof Sennhütte, Sennhütte 1, 97650 Fladungen, nahe Parkplatz am Schwarzen Moor.

Der aufmerksame Besucher entdeckt in den faszinierenden Mooren der Rhön noch viel mehr.

Der Lehrpfad führt weiter zu einem Aussichtsturm, der einen die Weite des Naturschutzgebiets erkennen lässt. Von hier geht es wieder zum Anfang des Pfads. Nach dieser Lehrstunde lädt die Infostelle Schwarzes Moor zu einer Stärkung ein, bevor zum Abschluss des Wochenendes auf dem Rhön-Rundweg 1 das Gebiet des Schwarzen Moores und der Langen Rhön erkundet wird. Beim Wandern über großflächige Borstgrasrasen entdeckt man vielleicht sogar eines der hier heimischen Birkhühner. Über den Melpertser Rasenberg, vorbei am Wasserfall Eisgraben geht es zum Parkplatz zurück.

Tipp: Wanderfreudige können auch vom Roten Moor über die Ulsterquelle, durch das Naturschutzgebiet Kesselrain und die Lange Rhön zum Schwarzen Moor laufen (ca. 11 km).

FAZIT: OB BIOLOGE ODER NATURLIEBHABER, DIE MOORE DER RHÖN MUSS MAN GESEHEN HABEN!

GIPFEL-GLÜCK UND WEITBLICK

‌⤚ ... auf dem Hochrhöner® ⤙

Aus dem Alltag ausbrechen, Grenzen überwinden und täglich über sich hinauswachsen. Dafür muss nicht bis ins Himalaya-Gebirge gefahren werden. Wer die Herausforderung in unseren Gefilden sucht, kann sich dem Hochrhöner® annehmen und auf 180 Kilometern fast alle Höhepunkte der Rhön erleben.

#hochhinaus #Premiumwanderweg #Tann #Gläserberg #Feldatal

Auf dem Weg nach Tann passiert man Habel. Dort lohnt sich ein Abstecher zur schmucken Barockkirche.

Nur ein Wochenende ist für den Weitwanderweg dann doch zu sportlich. Eine Teilstrecke ist aber machbar, denn der Hochrhöner® lässt sich gut in mehreren Etappen laufen. Je nach Fitness können die einzelnen Etappen auch auf mehrere Tage aufgeteilt werden. Eine der Teilstrecken ist die Kuppenrhön und, wie der Name schon sagt, eine Gipfeltour, die sagenhafte Ausblicke bietet. An Tag eins wird die Etappe von Gotthards bis nach Tann gelaufen. Start ist der kleine Ort Gotthards. Dieser wird gen Norden verlassen. Sehr steil geht es den Hang hinauf durch grüne Wiesen und Obsthaine. Oben angekommen, ist schon fast das Gipfelkreuz des Rößbergs erreicht. Wer möchte, läuft jetzt noch etwa einen Kilometer weiter Richtung Norden und kann eine phänomenale Aussicht genießen. Anderenfalls geht es Richtung Straße, die überquert wird. Dann führt der Weg ein ganzes Stück die ehemals innerdeutsche Grenze zwischen Hessen und Thüringen entlang.

Das Schloss direkt in der Innenstadt Tanns ist zwar im Privatbesitz, lässt sich aber auch von außen ganz wunderbar bestaunen. Früher war es Sitz des Tann'schen Adelsgeschlechts.

Am Boxberg vorbei wird das idyllisch im Tal gelegene Dorf Habel erreicht. Die dortige Barockkirche ist einen Besuch wert, ebenso die Reste einer keltischen Wallanlage am Fuße des Habelbergs. Um den Berg herum geht es hinunter nach Tann. In der kleinen Rhönstadt gibt es viel zu entdecken: das Museumsdorf, ein Naturmuseum, das Schloss. Letzteres ist besonders im Frühjahr und Sommer schön anzusehen, wenn der Schlossgarten in hellen

Die vielen Kuppen bringen einen ganz schön ins Schwitzen. Das Museumsdorf in Tann kann von April bis Anfang November besichtigt werden (unten).

leuchtenden Farben erblüht. Ein Café direkt am Museumsdorf lädt zum Verweilen ein. Wer eine richtige Stärkung braucht, kehrt in eines der vielen Restaurants ein. Ein Tipp für Fußballfans ist das Landhaus Kehl im Stadtteil Lahrbach, das vom Vater und Bruder des ehemaligen Dortmunder Fußballers Sebastian Kehl geführt wird.

An Tag zwei geht es nach Thüringen. Von Tann aus führt der Weg hinauf zum Horbel und folgt einem ehemaligen Grenzpostenweg nach Süden, woraufhin er ins nahe Andenhausen abbiegt. Im Bogen geht es um den felsgekrönten Katzenstein herum. Hier heißt es erst einmal durchschnaufen, zur Ruhe kommen und die unglaubliche Aussicht ins Feldatal genießen. Über Felder und Wiesen geht es dann abwärts ins Tal und gleich darauf wieder bergauf. Zunächst hoch zum Waltersberg, dann zum Gläserberg. Eine Rhönklubhütte wartet auf müde Wanderer – ein Picknick ist Pflicht! Auch hier kann unglaublich weit in die Ferne geblickt werden. Wer die ganzen Aufstiege ohne Seitenstiche gemeistert hat, kann sich wirklich glücklich schätzen. Zuletzt geht es steil bergab nach Dermbach, wo die Rhöner Botschaft zum Nächtigen und Stärken einlädt.

FAZIT: EINE WANDERUNG MIT VIELEN AUF UND ABS, DIE IMMER WIEDER GLÜCKSGEFÜHLE WECKT.

Hin & weg: Startpunkt ist in Gotthards, am besten lässt man sich dorthin fahren (einen Shuttle bieten auch manche Gasthäuser entlang des Hochrhöners® an); Bushaltestelle Gotthards.

Dauer & Strecke: Ein Wochenende, erster Tag 17,6 km, zweiter Tag 18 km. Für den kompletten Hochrhöner® benötigt man je nach Fitness acht bis zwölf Tage.

Beste Zeit: Ganzjährig, bei Schnee wird's allerdings in den Hochlagen etwas schwieriger.

Ausrüstung: Wanderschuhe, Rucksack mit Wechselkleidung, Sonnenschutz, winddichte Jacke, Picknick, viel zu trinken, Wanderkarte.

Wenn es Nacht wird: Apfelweinstube in Tann (Rhön), Dietgeshof 1 (www.tanner-netz.de/apfelweinstube-dietgeshof-tann-rhoen-hessen). Weitere Unterkünfte wie Gasthäuser, Campingplätze und Hotels entlang des Hochrhöners® gibt es online unter www.rhoen.de/urlaub-kultur-ferien-wellness unter »Genießen & Übernachten« beim Stichwort »Übernachten in der Rhön«.

DER WEG IST DAS ZIEL

… auf dem Jakobsweg zwischen Geisa und Fulda

#46

Pilgern ist in. Der Jakobsweg auch. Doch nicht immer muss diese Art zu wandern aus Gründen der Selbstfindung oder Spiritualität geschehen. Es geht auch darum, Neues kennenzulernen, im Einklang mit der Natur zu sein und einfach dem Alltag zu entfliehen. Ein Teil des Jakobswegs führt durch die Rhön.

Fulda ist das Ziel des hiesigen Pilgerabschnitts: Der barocke Dom sollte dann unbedingt besichtigt werden. Auf dem gesamten Weg laden immer wieder Bänke zur Rast ein.

Der Teilabschnitt durch die Rhön verbindet den ökumenischen und unterfränkischen Jakobsweg. Er verläuft von Vacha über Fulda bis nach Bad Kissingen (und weiter nach Würzburg). Insgesamt sind dies knapp 212 Kilometer. Der Abschnitt von Geisa bis nach Fulda (etwa 42 Kilometer) ist gut an einem Wochenende zu bewältigen. So kann die Natur und die Umgebung in vollen Zügen genossen werden, außerdem lohnt sich am Ende ein Spaziergang durch die schöne Barockstadt Fulda.

Gemütlich und besinnlich startet man an Tag eins in Geisa und zwar direkt an der katholischen Kirche am Marktplatz, wo sich auch Rathaus und Schloss befinden. Wer möchte, kann vor der Pilgerreise der Anneliese Deschauer Galerie einen Besuch abstatten. Hier stellt die Kunstsammlerin unter anderem Werke von Gabriele Münter, Marc Chagall und Salvador Dalí aus.

Das beeindruckende Stadtschloss gegenüber dem Dom wurde im 18. Jahrhundert als Residenz der Fuldaer Fürstäbte und später der Fürstbischöfe erbaut.

Stadtauswärts, immer der blauen Muschel folgend, geht es dann entlang der ehemaligen innerdeutschen Grenze zur Gedenkstätte Point Alpha sowie dem Haus auf der Grenze. Das Dokumentationszentrum erzählt auf emotionale und lebendige Art und Weise von den vergangenen Jahren der Teilung Deutschlands. Ebenso eindrucksvoll ist der danebenliegende Kreuzweg »Weg der Hoffnung«, der an der ehemaligen Grenze entlang verläuft. Weiter geht es nach Rasdorf, über den größten Dorfplatz Hessens, den Anger. Hungrige Pilger können hier eine Rast im Landgasthof zum Adler einlegen. Über Haselstein führt der Pilgerweg nach Hünfeld, direkt zur Jakobuskirche in der Stadtmitte. Nicht weit entfernt davon befindet sich das Bonifatiuskloster, wo die Nacht verbracht werden kann.

Am nächsten Tag wird bis nach Fulda gepilgert. Zunächst entlang der Haune, viel bergab auf Waldwegen. Wer mag, kann einen Abstecher zum Haunesee machen. Schwimmen ist hier allerdings nicht erlaubt, dafür aber Tretbootfahren. Ein bisschen Zeit sollte in Petersberg eingeplant werden – nach der enorm lang gezogenen Steigung ist dies auch bitter nötig. Denn die Grabeskirche der Heiligen Lioba und der Marktplatz liegen auf dem Weg und sind sehenswert. Danach geht es angenehm bergab nach Fulda. Ziel ist der barocke Dom, der nicht nur von außen, sondern auch von innen äußerst hübsch ausschaut. Jetzt kann ein Spaziergang durch die Barockstadt gemacht werden. Neben dem Dom sind das Barockschloss, der Hexenturm, die Altstadt und die Fuldaauen schöne Ziele. Möglichkei-ten zur Einkehr und Übernachtung gibt es in Fulda ebenfalls zuhauf.

Tipp: Geschichtsinteressierte können die Strecke etwas abkürzen und nur von Geisa nach Hünfeld wandern. Übernachtet wird in Rasdorf – so erlebt man die Vergangenheit an der ehemaligen deutsch-deutschen Grenze noch intensiver.

FAZIT: BEIM PILGERN KOMMT KEIN STRESS AUF. DIE AURA DES JAKOBSWEGS IST AUCH IN DER RHÖN SPÜRBAR!

Hin & weg: Start in Geisa Stadtmitte, immer der blauen Muschel folgend; Bushaltestelle Geisa, Marktplatz.

Dauer & Strecke: Ein Wochenende, erster Tag 20 km, zweiter Tag 22 km. Hinweise zu weiteren Strecken unter www.jakobswege-europa.de

Beste Zeit: Ganzjährig möglich.

Ausrüstung: Wanderschuhe, Rucksack mit Wechselkleidung, Essen und Trinken.

Wenn es Nacht wird: Bonifatiuskloster, Klosterstraße 5, 36088 Hünfeld, www.bonifatiuskloster.de, weitere Unterkünfte in Hünfeld unter www.hessischeskegelspiel.de/gastgeber, Unterkünfte in Fulda unter www.tourismus-fulda.de

IM ZEICHEN DES WEINS

… die Weinerlebniswege in Ramsthal

#47

Alle Liebhaber des Weins sind in Ramsthal genau richtig: Das rund 1100-Seelen-Örtchen bezeichnet sich selbst als »Weindorf mit Charme«. Und das trifft voll und ganz zu. Hier kann ganz entspannt ein Wochenende im Zeichen des Weins verbracht werden, einschließlich Übernachtung im stilechten Weinfass.

#Artenvielfalt #charmant #fränkisch #RhönerWein #Wengert

Viele Tier- und Pflanzenarten fühlen sich auf dem Weinberg wohl, wie diese Rosen beweisen.

Besonders bekannt in Ramsthal sind die St. Klausen Weinerlebniswege. Gestartet wird am Parkplatz beim Festplatz kurz vor dem Ortseingang. Hier liefert ein Schild Informationen über die drei Routen Bacchus-, Urbanus- und Schoppen-Rundweg. Da die Wege sich eine Weile überschneiden, wird spontan entschieden, welcher Weg als erstes komplett bewältigt wird. Es geht in den Ort hinein und links den Berg hinauf, geradewegs auf die Weinberge zu. Weinreben reihen sich den gesamten Hang entlang. Ein Anblick, der Weinliebhaber aufjauchzen lässt. Dem Weg folgend, gibt es viele Informationstafeln, die spannende Fragen beantworten. Warum gedeiht der Wein in Franken so gut? Wie wichtig ist der Boden für den Weincharakter? Welche Arbeiten sind im Weinberg zu verrichten? Welche Schmetterlinge gibt es in Ramsthal, und welcher fliegt auf welche Blüten?

Die Wanderung ist Erholung pur und gleichzeitig eine umfassende Erweiterung des Allgemeinwissens. Die Route macht einen Bogen

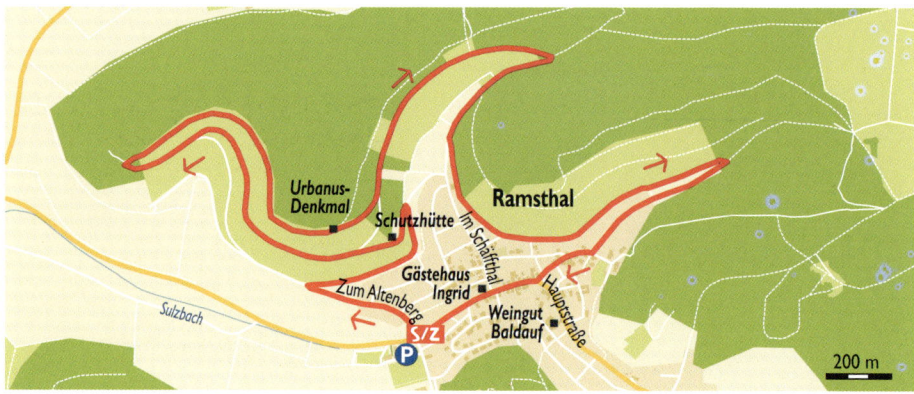

Auf der einen Seite nahezu endlose Rebenhänge, auf der anderen der Blick auf Ramsthal – auf den St. Klausen Weinerlebnisswegen lässt es sich aushalten.

und führt zwischen zwei Rebflächen hindurch. Hier bietet sich eine Schutzhütte für eine Rast an, denn vor allem im Hochsommer kann die Hitze schnell mal zu viel werden. Die Weinreben hingegen lieben das sehr sonnige Wetter. Nach dem nächsten Bogen verläuft die Route an einem Wald entlang und bringt mit etwas Schatten hin und wieder Abkühlung. Der Blick von den Weinbergen herab ist atemberaubend. Besonders auffällig sind die vielen

Ein besonderes Übernachtungserlebnis: Beim Gästehaus Ingrid hat man die Möglichkeit, in einem 8000-
Liter-Weinfass zu schlafen.

Schmetterlinge, die überall herumflattern. Sie verleihen dem Umfeld eine träumerische Stimmung. Auch hier gibt eine Tafel Aufschluss darüber, woher diese Schmetterlingsvielfalt kommt: Im Weinberg gedeiht eine umfangreiche Pflanzenwelt, die ein Paradies für Insekten birgt. Ebenso bieten alte Weinbergsmauern, Felsbänke, Steinziegel, Streuobstwiesen und bunte Waldsäume in Ramsthal vor allem seltenen und gefährdeten Tier- und Pflanzenarten einen Platz zum Überleben. Auch die Mager- und Trockenrasen sowie Steppenheide-Kiefernwälder tragen zu dem bedeutenden Artenvorkommen bei. Der aufmerksame Wanderer entdeckt auf seinem Weg so – mit etwas Glück – vielleicht Silberdisteln, Färberkamille oder Weinbergslauch.

An der Gedenkstatue des heiligen Urbanus hat man die Wahl: Will man dem Bacchus-Rundweg hinab oder lieber dem Urbanus-Rundweg geradeaus folgen? Auf Letzterem geht es den Wald weiter entlang, durch das Schäffthal. Auf halber Strecke setzt sich auch der Schoppen-Rundweg ab. Der Weg verläuft hinab zum Ort, an dessen Rand entlang, fast bis zum Ende der Weinberge. Danach biegt die Route in den Ort ab und findet am Rathaus seinen Endpunkt.

Tipp: Für die restliche Gestaltung des Wein-Wochenendes sollte man unbedingt noch die anderen beiden Rundwege am zweiten Tag erwandern und sich von der fränkischen Gastfreundlichkeit des Weindorfes, beispielsweise bei einer Weinprobe im Weingut Baldauf, überzeugen lassen.

FAZIT: EIN ERHOLSAMES UND ERLEBNISREICHES WOCHENENDE FÜR ALLE WEINLIEBHABER!

Hin & weg: Ramsthal Parkplatz am Festplatz; Bushaltestelle Ramsthal.

Dauer & Strecke: Ein ganzes Wochenende, Urbanus-Rundweg 4,5 km, ca. 3 Std.

Beste Zeit: Frühjahr bis Spätherbst.

Ausrüstung: Festes Schuhwerk, Sonnenschutz, (Wein- und Wissens-)Durst.

Wenn es Nacht wird: Schlafen im 8000-Liter-Weinfass beim Gästehaus Ingrid, Im Schäffthal 1, 97729 Ramsthal; weitere Informationen unter www.gaestehausingrid.de

WIR SIND RHÖNER BIER!

=- ... auf dem Bierradweg durch Rhön-Grabfeld -=

#48

Fahrradwege gibt es viele. Die Initiative »Wir sind Rhöner Bier!« hat sich einen besonderen ausgedacht: Durch den Landkreis Rhön-Grabfeld lässt sich die Rhöner Brautradition auf rund 140 Kilometern mit dem Fahrrad erleben – auf dem Bierradweg.

Zu vielen Brauereien gehört ein Gasthaus, in dem das entsprechende Bier ausgiebig probiert und sich nach einigen Fahrradkilometern ausgeruht werden kann.

Start der Tour mit dem Rad ist Niederlauer beim hiesigen Brauhaus. Von hier der Hauptstraße nach Süden folgen. Da der Bierradweg nicht separat gekennzeichnet ist, wird sich am bestehenden Radwegenetz orientiert. Bei

der ersten Gelegenheit nach links abbiegen und zwischen Feldern hindurch nach Salz radeln. Hier lassen sich bereits die ersten Zutaten für das Rhöner Bier ausmachen – die großen Felder, Traktoren und die frische Landluft vermitteln ein Gefühl von Urlaub. In der Gemeinde Salz wartet mit dem Karmeliter Bräu die nächste Brauerei. Den Ort durchradeln und zielstrebig weiter nach Bad Neustadt. Durch den schön angelegten Kurpark führt der Radweg entspannt durch die Kurstadt über Herschfeld, Hollstadt und Wülfershausen nach Saal. Ein Besuch der Privatbrauerei Lang ist sehr empfehlenswert, bevor im dazugehörigen Bräustüble in Waltershausen eine erste Pause eingelegt wird.

Über Gollmuthhausen und Hendungen geht es nun nach Oberstreu. Dabei wird der Weigler durchradelt, ein gemeindefreies Gebiet,

Nirgends lässt sich die Kultur des Rhöner Bieres so gut entdecken wie auf dem Bierradweg, der an zahlreichen Rhöner Betrieben rund ums Bier entlangführt.

das komplett bewaldet ist. Gerade bei wärmeren Temperaturen eine willkommene Abkühlung, auch wenn hier einige Anstiege warten. In Oberstreu führt Brauer Christian Schmitt gerne durch seine heiligen Hallen, in denen alles noch in reiner Handarbeit geschieht. Führungen machen übrigens alle Beteiligten – auch die Mälzerei Lang in Mellrichstadt oder Streckbräu und Ostheimer Bürgerbräu in Ostheim vor der Rhön, wo die Tour als nächstes hingeht, bevor mit Nordheim der Platz für die Nacht erreicht wird.

An Tag zwei geht es direkt zum Landwirt Hippeli, der gemeinsam mit Landwirt Horsch die Braugerste für das Rhöner Bier liefert. Horsch kann von Fladungen aus als Abstecher in Weimarschmieden besucht werden. Danach geht es über Fladungen, Rüdenschwinden und Hausen nach Stetten. Wer mag, kann hier einen weiteren Abstecher nach Roth und zum Rother Bräu machen, bevor es weiter nach Sondheim geht. Mittags radelt man über Urspringen nach Oberelsbach in die Brauereigaststätte der Pax Bräu. Danach die Besichtigung der Brauerei nicht vergessen! Frisch gestärkt geht es nach Bischofsheim, den heiligen Berg der Franken – den Kreuzberg – immer im Blick. Über Schönau an der Brend führt der Weg wieder in Richtung Neustadt. Durch das Brendtal geht es recht entspannt hinab, rechts und links erheben sich zahlreiche Rhöner Berge. Da kommt man sich ganz schön klein vor. Auf halber Strecke verführt Liesbach Bräu zu einem weiteren Abstecher nach Burgwallbach. Zum Abschluss der Bierradtour wird noch einmal herrlich deftig in der Brauereigaststätte der Karmeliter Bräu in Salz gespeist, bevor es schließlich nach Niederlauer ins Ziel geht.

Tipp: Bei den Brauereien am besten vorher für eine Führung anmelden. Informationen gibt es unter www.wir-sind-rhoener-bier.de

FAZIT: EINE RADTOUR DER BESONDEREN ART, BEI DER DIE BRAUTRADITION AUF UND AN DER STRECKE ERLEBT WIRD.

Hin & weg: Brauerei Niederlauer, Hauptstraße 18, 97618 Niederlauer; Bushaltestelle Rathaus, Niederlauer.

Dauer & Strecke: Ein ganzes Wochenende, ca. 114 km (ohne Abstecher).

Beste Zeit: Frühjahr bis Herbst.

Ausrüstung: Fahrrad mit entsprechender Ausrüstung, Verpflegungsrucksack mit genügend Wasser, Plan des Bierradwegs, Bierdurst.

Wenn es Nacht wird: Bio-Bauernhof Mültner, Hinterm Dorf 6, 97647 Nordheim vor der Rhön, weitere Informationen unter www.bauernhof-mueltner.de

KEIN SEE WIE DER ANDERE

 ... von der Roßdorfer Kutte zum Rothsee

#49

*Ein See ist wie der andere? Von wegen!
In der Rhön gibt es zahlreiche sehr unterschiedliche Seen und Gewässer, die die
wunderbare, vielfältige Natur der Rhön
ausmachen. Zudem tragen sie einen
großen Teil zur Artenvielfalt bei.
Bei einer Tour zu den Gewässern wird
deutlich: See ist nicht gleich See.*

#KröteSalamander&Co. #DreiLänderRhön #ThüringenHessenBayern #Fuldaquelle

Die besonderen Gewässer bieten vielen geschützten Tier- und Pflanzenarten einen wichtigen Lebensraum.

Start ist Roßdorf. Am Schlossplatz liegt die Roßdorfer Kutte, die bis zu elf Meter tief ist. Neben der romantischen Stimmung, die der Erdfallsee verbreitet, ist er ein wichtiger Lebensraum für geschützte Tier- und Pflanzenarten. Wer Glück hat, hört nicht nur das Quaken der Kreuzkröte, sondern entdeckt auch einen Feuersalamander. Weiter geht es nach Norden zur Bernshäuser Kutte. Versteckt und von einem Wald umringt, wird der größte See der Thüringer Rhön erreicht. Der meromiktische Erdfallsee ist bis zu 45 Meter tief und hat teilweise einen Durchmesser von 250 Metern. Achtung: Am Parkplatz ist lediglich ein kleiner Vorsee, der häufig vom Hauptsee ablenkt. Da die Kutte keinen Zu- oder Abfluss hat, ist ihr ökologisches Gleichgewicht sehr empfindlich. Baden ist daher nicht gern gesehen, allerdings ist der Weg rund um den See bereits eine kleine Abenteuertour. Als

Neben den Seen, an denen man unterwegs vorbeikommt, ist auch die umgebende Natur sehr sehenswert und eröffnet faszinierende Blicke.

nächstes geht es über Bernshausen zum Schönsee. Die idyllische Lage sowie die abwechslungsreiche Waldlandschaft am Westhang des Pleßmassives machen ihn zu einem lohnenden Wanderziel (Eskapade #12). Für

die Nacht geht es mit Auto oder Bus hinauf auf die Wasserkuppe.

Ausgeschlafen führt der Weg direkt zur Fuldaquelle. Hier entspringt der Fluss und tritt sei-

Zwar ist nicht in jedem See das Baden erlaubt, allerdings haben sie alle etwas Friedliches an sich, das einen gerne innehalten lässt.

nen weiten Weg bis zur Vereinigung mit der Werra und als Weser in die Nordsee an. Die Quelle ist wegen ihres klaren und frischen Wassers eine willkommene Erfrischung für Wanderer. Von hier verläuft die Route querfeldein hinunter, durch Wälder und an Wiesen entlang. Der Feldbach zeigt sich, und eine Bilderbuchwelt öffnet sich vor einem: die Kaskadenschlucht. Ein wildromantischer Wanderweg führt durch einen Buchenwald entlang des Bachs, der sich über ein Buntsandsteinbett stürzt. Immer wieder verzaubern einen kleine Wasserfälle und Stromschnellen. Doch der Weg geht weiter, über den Rundweg 4 zum Roten Moor. Nach Verlassen des Waldes folgt ein Feldweg, der von Blumenwiesen gesäumt ist. Hier summt, flattert und brummt es – Schmetterlinge, Bienen und Käfer, so weit das Auge reicht. Am Moor vorbei führt der Rundweg 1 vom Parkplatz zum Berg Heidelstein mit seiner charakteristischen Antenne. Kurz nach dem Abstieg nach Südosten zum Gangolfsberg orientieren. Hier liegt der Basaltsee mit dem Steinernen Haus. Der ideale Ort für eine Pause und ein leckeres Stück Kuchen. Der See entstand durch Basaltabbau. Logisch, dass sich auch einige Sagen um diesen fast mystischen Ort ranken. Es folgt der Endspurt zum Rothsee. Fernab der Hochrhönstraße verläuft der Weg entlang von Feldern und Wiesen nach Süden. Der Bauersberg wird halb umrundet. Über einen Parkplatz geht es zum Rothsee. Hier kann zum Abschluss geangelt oder der Schaustollen besucht werden (Eskapade #15). Im Biotop gibt es viel zu entdecken und es wird klar: See ist nicht gleich See.

FAZIT: ABWECHSLUNGSREICHE TOUR, DIE DIE BESONDERHEITEN DER RHÖNER GEWÄSSER UND DIE ARTENVIELFALT RUNDHERUM ZUM VORSCHEIN BRINGT.

Hin & weg: Roßdorf, Parkplatz Dorfzentrum; Bushaltestelle Bernshausen.

Dauer & Strecke: Ein ganzes Wochenende, erster Tag ca. 12 km, zweiter Tag ca. 21 km.

Beste Zeit: Frühjahr bis Herbst.

Ausrüstung: Festes Schuhwerk, Wanderrucksack mit Verpflegung, eventuell Bade-/Angelsachen.

Wenn es Nacht wird: Berghotel Deutscher Flieger, Wasserkuppe 48, 36129 Gersfeld, weitere Informationen unter www.deutscher-flieger.de

SCHLAFEN IM HEU

... in Ostheim vor der Rhön

#50

Es ist ein Traum aus Kindheitstagen: einmal auf dem Heuboden schlafen. In Ostheim vor der Rhön kann dieser Wunsch in Erfüllung gehen. Wer sich nicht nur im Heu wälzen möchte, lernt die faszinierende Natur der Rhön noch etwas besser kennen.

#duftendesHeu #GewässerStreu #Streuobstlehrpfad #querfeldein

Nach einem idyllischen Spaziergang durch Ostheim vor der Rhön warten vielfältige Apfelsorten auf dem Streuobst-lehrpfad in Hausen darauf, entdeckt zu werden.

Zum Start des Miniurlaubs steht eine Erkundung des fränkischen Städtchens Ostheim vor der Rhön auf dem Plan. Besonders beeindruckend ist die Kirchenburg, die größte und am besten erhaltene in Deutschland. Sie ist gleichzeitig das Wahrzeichen der »Perle an der Streu«. Auf einem Stadtspaziergang wer-

den noch allerhand andere Gebäude und Einrichtungen entdeckt, etwa das Orgelmuseum oder die Privatbrauerei Peter. Hier wird das bekannte Erfrischungsgetränk Bionade gebraut. Neben den Kulturaspekten bringt der Gewässerlehrpfad die naturkundliche Seite näher. An elf Stationen gibt es viel über das

Bekannte, seltene und alte Sorten: Apfelliebhaber müssen bei der Versuchung, von diesen wunderbar roten Früchten zu naschen, stark bleiben.

Leben an und in der Streu zu erfahren. Wie genau nutzen Mühlen die Wasserkraft? Welche Maßnahmen zum Hochwasserschutz wurden ergriffen? Auch die hier typische Flora und Fauna findet auf der rund 1,4 Kilometer langen Entdeckungsreise ihren Platz.

Für eine Stärkung zum Mittag empfiehlt sich das Restaurant Zur Krone. Hier kann man nicht nur fränkische Leckereien, sondern auch das hauseigene Streckbräu genießen. Anschließend geht es auf eine kleine Wanderung entlang der Streu nach Hausen. Dabei an der Beschilderung des Blumenwegs bis Nordheim orientieren. An Wiesen und Feldern entlang wird schließlich Hausen erreicht. Hier jauchzen Apfelliebhaber fröhlich auf. Denn auf dem hiesigen Streuobstlehrpfad erfährt man alles über seltene, alte und bekannte Sorten. Rund und rot hängen die Äpfel an den Bäumen. Die Versuchung, zu naschen, ist groß. Doch auf gute Manieren besinnend, geht es lieber wieder zurück nach Ostheim. Das Heubett ruft!

Am zweiten Tag wird sich schweren Herzens vom Heubett verabschiedet, und es geht auf in Richtung Rother Kuppe und Thüringer Hütte. Zunächst wieder entlang der Streu bis Nordheim. Von dort läuft man quasi querfeldein nach Westen. In den Wäldern rund um den Dorner Graben beginnt der Aufstieg zur Hütte – und der zieht sich. Kleine Verschnaufpausen sind keine Schande. Zudem verläuft hier auch der Franziskusweg, der zu einem meditativen Rundgang einlädt. So kann auch der Blick in die Natur oder nach Roth genossen werden. Oben angekommen, hat man die Wahl: erst der Kapelle des Franziskusweges einen Besuch abstatten oder sich ein verdientes Mittagessen in der Thüringer Hütte gönnen? Die Kapelle ist es wert, ihr Aufmerksamkeit zu schenken. Nach der Pause geht es auf dem Franziskusweg über den Dorner Graben und seine Wälder wieder zurück nach Ostheim. Ganz entspannt, immer schön bergab.

FAZIT: KINDHEITSTRÄUME WERDEN AN DIESEM ENTSPANNTEN, LEHRREICHEN UND MEDITATIVEN WOCHENENDE WAHR.

Hin & weg: Parkplatz Streuwiese, Ostheim vor der Rhön; Bushaltestelle Ostheim (Rhön) Rathaus.

Dauer & Strecke: Ein ganzes Wochenende, erster Tag ca. 19,5 km, zweiter Tag ca. 25 km.

Beste Zeit: Ganzjährig möglich, besonders schön zur Blütezeit im April/Mai oder im September.

Ausrüstung: Festes Schuhwerk, Wanderrucksack inkl. Wechselkleidung und Wasser.

Wenn es Nacht wird: Schlafen im Heu beim Ferienhof Seibert, Sophienstraße 26, 97645 Ostheim, weitere Informationen unter www.ferienhof-seibert.de

SCHNAPS AUS DER RHÖN

>‹ ... Wandern auf dem Brennerweg ›‹

#51

Ob die Wartmannsrother glücklicher sind als andere? Schließlich hat die Gemeinde die höchste Brennereidichte Bayerns. Auf 28 Einwohner kommt eine Brennerei. Beim Wandern auf dem dortigen Brennerweg braucht man aber nicht zwangsläufig einen Schnaps. Die idyllische Natur ist fast genauso berauschend.

#Whisky #Korn #nüchternwandern #Wartmannsroth

Welche Bedeutung haben Streuobstwiesen für die Brennerkultur? Gibt es wirklich Rhöner Whisky? Auf dem Brennerweg finden Freunde des Destillats zahlreiche Antworten auf ihre Fragen.

Der Brennerweg besteht aus einem Netz aus vier Themenwanderungen. Zwei der Rundwege lassen sich locker an einem Wochenende erwandern. Wartmannsroth ist idealer Ausgangspunkt für die Whisky-Schleife und die Korn-Brand-Tour. Der Samstag steht ganz im Zeichen des Whiskys, schließlich kann dieser auch im Ort probiert werden – aber erst nach der Tour! Vorher wird ein klarer Kopf benötigt. Wer den Rundweg im Uhrzeigersinn wandert, verlässt Wartmannsroth gen Nordwesten und steht mitten in einer weitläufigen Streuobstwiese. Äpfel, Birnen, Zwetschgen – alles leckere und wichtige Zutaten für einen guten Brand. Getreide ist ebenfalls eine der Hauptzutaten. Doch wie kommt es in die Flasche? Das erfährt man, wenn man weiterläuft. Immer dem Hinweisschild Brennerweg fol-

gend, wird ein großes Getreidefeld erreicht. Ob Roggen, Weizen, Gerste oder Dinkel – für einen Korn eignet sich fast jedes Korn.

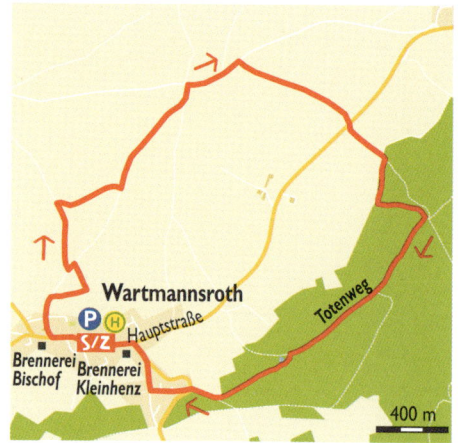

Der Brennerweg besteht aus einem Netz aus vier Themenwanderungen rund um die bayerische Gemeinde Wartmannsroth.

Auf Feldwegen geht es weiter. Hier stehen kaum Bäume, was traumhafte Fernblicke bis in den Spessart hinein ermöglicht. Eine kurze Pause sollte am großen Weinfass gemacht werden, hier kann jeder sein Wissen zum Thema Whisky, Schnaps und Co. testen. Danach führt die Schleife weiter durch einen Wald. Genauer gesagt auf dem Totenweg. Was es damit auf sich hat, erzählt eine Infotafel. Der Name hat religiöse Hintergründe, aber tot sehen der Weg oder der Wald nun eigentlich nicht aus. Im Gegenteil, die vielen Laubbäume machen einen wieder lebendig – nach dem Marsch in der prallen Sonne tut Schatten richtig gut. Holz hat übrigens einen enormen Einfluss auf die Qualität eines guten Whiskys. Vor allem die Eiche, aus ihr werden die Fässer hergestellt, in denen das hochprozentige Nass reift.

Am Ende des Waldes führt der Weg wieder in den Ort zurück. Hier warten die Edelbrennerei Bischof und die Landbrennerei Kleinhenz auf durstige Wanderer. Eine Kostprobe der edlen Destillate und des Rhöner Whiskys ist ein Muss. Es empfiehlt sich, vorher anzurufen, damit man nicht vor verschlossenen Türen steht. Die Kontaktdaten findet man auf der Website www.brennerweg.de

An Tag zwei steht die Korn-Brand-Tour an. Hier dreht sich alles um verschiedene Getreidesorten, um den Kreislauf von der Saat, der Ernte, der Herstellung der Maische bis hin zum veredelten Korn. Ein besonderes Highlight ist die Schutzhütte auf dem Steinküppel, die zur Rast einlädt und einen herrlichen Panoramablick auf das Schondratal, die Schwarzen Berge und die Hochrhön bietet.

Hin & weg: Startpunkt ist in Wartmannsroth; Bushaltestelle Rathaus, Wartmannsroth.

Dauer & Strecke: Ein Wochenende, erster Tag Whisky-Schleife 7 km, zweiter Tag Korn-Brand-Tour 6 km. Informationen zum Brennerweg, zu den beiden Teilrundwegen Whisky-Schleife und Korn-Brand-Tour sowie weiteren Routen gibt es unter www.brennerweg.de

Beste Zeit: Ganzjährig, bei Schnee mit Schneeschuhen.

Ausrüstung: Festes Schuhwerk, Trinkfestigkeit.

Wenn es Nacht wird: Übernachtung im Hotel Zum Landgraf in Wartmannsroth www.zum-landgraf.de

FAZIT: DIE IDEALE WANDERUNG FÜR WHISKY- UND SCHNAPSLIEBHABER SOWIE ALLE, DIE ES WERDEN WOLLEN.

ES WEIH- NACHTET SEHR!

 ... im Landkreis Rhön-Grabfeld

#52

Die Rhön verzaubert im Winter alle Besucher mit einer weißen Pracht. Vom ersten Adventswochenende bis in den Januar hinein ist in ungeraden Jahren der Rhöner Krippenweg in Rhön-Grabfeld ein besonderes Erlebnis. Dann warten Krippenausstellungen, Konzerte, Vorträge und vieles mehr auf Besucher.

#Krippenweg #allezweiJahrewieder #Ausstellungen #Unterfranken #einGlühweininEhren

Der Fuldaer Weihnachtsmarkt ist ein beliebter Treffpunkt für Einwohner und Besucher.

Ab Weihnachten öffnen die Kirchen ihre Türen zur Besichtigung sehenswerter und einzigartiger Krippen. Die verschiedenen Touren führen durch die Region zum Kreuzberg, ins Grabfeld und ins Saaletal. Ein Auto ist hier ein Muss, da die Strecken sonst zu lang sind. Die erste Route, die Grabfeld-Tour, führt vom Kloster Wechterswinkel über Frickenhausen, Mellrichstadt, Irmelshausen, Bad Königshofen mit

Trappstadt, Wargolshausen und Oberstreu zurück zum Kloster.

Die Arbeiten der Bildhauer bringen einen stets zum Staunen. Bei jeder Arbeit erschließen die Künstler das Thema Krippe von einer kunstgeschichtlichen und einer religiösen Seite. Es ist faszinierend, wie das gängige Krippenbild auf die unterschiedlichsten Varianten

Entlang der Routen des Krippenwegs gibt es nicht nur kunstvoll gefertigte Krippen zu bestaunen, mit etwas Glück kann man auch die hiesigen Märkte zur Weihnachtszeit besuchen.

interpretiert wird. Neben den kunstvoll gefertigten Krippen sollte man sich auf jeden Fall Zeit für eine kurze Besichtigung der fränkischen Orte nehmen, etwa der Altstadt von Mellrichstadt mit ihrer Stadtmauer.

Als nächstes steht die Saaletal-Tour auf dem Programm. Sie führt durch die schönsten Seiten des Saaletals: vom Kloster Wechterswinkel über Bad Neustadt, Münnerstadt und Nüdlingen nach Bad Kissingen, weiter nach Albertshausen zum Ziel in Sulzthal. Hier sind vor allem die Landschaft und das Naturschauspiel rundherum nicht zu verachten. Die weiße Pracht um einen herum hat etwas Bezauberndes. Gleichzeitig ist die Weihnachtsstimmung dauerhaft präsent. Zum Abschluss des besinnlichen Wintertages lohnt sich ein Besuch des Fuldaer Winterwaldes, ein Teil des

Weihnachtsmarktes, der auch nach den Feiertagen geöffnet hat. Bei einem leckeren Glas Glühwein und einem Steckerlfisch klingt der Tag gemütlich aus.

Am zweiten Tag wartet die Rhön-Tour darauf, entdeckt zu werden. Vom Kloster Wechterswinkel führt der Weg nach Windshausen, von dort über Langenleiten und Bischofsheim zum Kreuzberg, den heiligen Berg der Franken. Hier unbedingt ein Schmankerl aus der Klosterküche und ein Glas des hier gebrauten Kreuzbergbieres genießen. Weiter geht es über Weisbach und Ostheim mit seiner beeindruckenden Kirchenburg nach Frickenhausen und über Bastheim zurück zum Startpunkt.

Tipp: Wer auf die langen Strecken im Auto verzichten und sich nur wenige Standorte an-

schauen möchte, kann auch jeweils nur einen Teil der Touren erwandern. Weitere Informationen gibt es auf der Website www.rhoener-krippenweg.de

Hin & weg: Kloster Wechterswinkel, Um den Bau 6, 97654 Bastheim; Bushaltestelle Wechterswinkel Umgehungsstraße, Bastheim.

Dauer & Strecke: Ein Wochenende, erster Tag ca. 130 km, zweiter Tag ca. 97 km.

Beste Zeit: Ende November bis Anfang Januar.

Ausrüstung: Auto.

Wenn es Nacht wird: Ferienwohnung Sonnenschein, Hubertusweg 4, 97654 Wechterswinkel, unweit des Klosters Wechterswinkel.

SONST NOCH WICHTIG

RADOM AUF DER WASSERKUPPE

ORCHIDEEN IN DER WIESENTHALER SCHWEIZ

BRENNERWEG

Ein- und Überblick

Karten für den schnellen Überblick, praktische Tipps, mehr über die Autorinnen sowie ein Ortsregister zum schnellen Nachschlagen gibt es auf den folgenden Seiten.

GPX-Download	Seite 224
Übersichtskarten	Seite 225
Impressum	Seite 228
Gut zu wissen	Seite 229
Register	Seite 230
Über die Autorinnen	Seite 231
5 besondere Empfehlungen	Seite 232

GPX-Download aufs Smartphone – so geht's

<u>Voraussetzung:</u>

Eine Outdoor-App muss installiert sein, z. B. KOMPASS, Outdooractive oder komoot. Zum Einlesen des QR-Codes benötigen Android-Geräte eine QR-Code-App. Bei iOS-Geräten ist diese Funktion in der Kamera integriert.

<u>Daten downloaden:</u>

1. Den QR-Code einlesen oder die Webadresse im Browser eingeben, um auf die Eskapaden-Website zu gelangen.
2. Die gewünschte Tour zum Download anklicken.
3. Bei iOS-Geräten werden die GPX-Daten direkt mit der vorab installierten App verknüpft. Bei Android-Geräten muss ggf. noch ein Weiterleiten-Button geklickt werden (z. B. oben rechts im Display). Manche Apps zeigen den Tourverlauf starr an, andere verfügen über eine Navigationsfunktion.

Tourenverlauf

GPX-Daten zum kostenlosen Download www.dumontreise.de/ eskapaden/rhoen

short.travel/ny1nm

Auf den folgenden Seiten: Die Eskapaden in der Rhön in drei Übersichtskarten. Die Ziffern stehen für die Eskapaden-Nummern.

6 km

71

Grabfeld

Meiningen

39

Wasungen

23

Werra

Breitungen/Werra

16

Barchfeld-Immelborn

Streu

Ostheim vor der Rhön

26

50

Bastheim

12

49

Stadtlengsfeld

10

Streu

22

Dermbach

Fladungen

Oberelsbach

Kaltennordheim

Brend

20

19

Bischofsheim an der Rhön

24

SEITE 226

25

Tann

Frankenheim an der Rhön

Vacha

Ehrenberg

13

4

33

Hilders

Gersfeld

Hohenroda

46

Rasdorf

Ulster

Nüsttal

45

42

Eiterfeld

Gotthards

14

17

Poppenhausen

8

9

Hofbieber

Ebersburg

Fulda

34

Hünfeld

Dipperz

Zütter

Haune

Burghaun

30

Künzell

Eichenzell

7

Haunetal

Niederaula

7

Fulda

Fulda

66

Neuhof

Kalbach (Rhön)

Aula

Schlitz

Großenlüder

Fliede

Flieden

NOCH MEHR ESKAPADEN ...

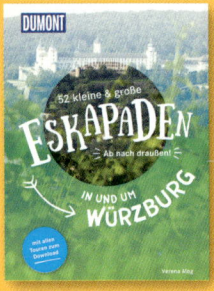
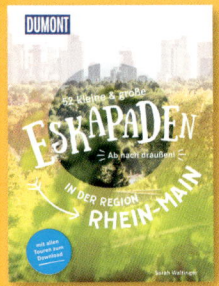
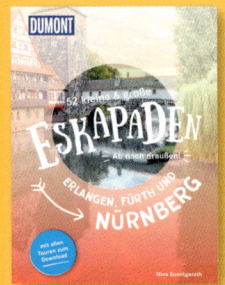

ISBN 978-3-616-11001-1   ISBN 978-3-7701-8091-2   ISBN 978-3-616-11002-8

≥ ... erhalten Sie im gut sortierten Buchhandel
und unter www.dumontreise.de ≤

IMPRESSUM

Reihenkonzept Monique Sorban

Projektmanagement Svenja Heinle

Cover-/Buchgestaltung & Illustrationen Carolin Weidemann, Köln, www.weidemann-design.com

Layout & Satz Sieveking · Agentur für Kommunikation, München, www.sieveking-agentur.de

Lektorat Anne Köhler, Planegg

Texte & Fotos Christine Röhling, Michelle Tief, Fulda, mit folgenden Ausnahmen: mauritius images/
Fritz Mader (Titelseite); Alexander Mengel (S. 22–25, 42–45, 86–89, 100–107, 148–151, 177 u.,
194–195, 196 l., 197 r., 210–213); Alea Füzy, Nazim Balci (S. 62–65); Alea Füzy (S. 5, 46–49, 122 l.,
136–139, 148–151, 231 r.); Gästehaus Ingrid (S. 201 r. o.); Christian Tech – Tourismus Fulda (S. 218–219);
Gerhard Nägler (S. 220); Kulturagentur Rhön Grabfeld (S. 221 l. und r. u.); Pro Bad Kissingen (S. 221 r. o.);
Christian Knöll (S. 231 l.)

Kartografie © KOMPASS, Innsbruck, unter Verwendung von Kartendaten von OpenStreetMap-
Mitwirkende, Lizenz CC-BY-SA 2.0

Printed in Poland

3. Auflage 2022
© 2020 DuMont Reiseverlag, Ostfildern
ISBN 978-3-7701-8099-8

www.dumontreise.de

love
Freiheit.

Geschmacks-sachen

Typisch für das Mittelgebirge sind Gerichte mit Rhöner Bachforelle. Wer nicht selbst angelt, kann am Rothsee eine probieren (#15). Für den Durst gibt es leckeren Frankenwein (#21 & #47), süffiges Rhöner Bier (#48) und wunderbare Brände und Liköre entlang des Brennerweges (#51). Vorsicht Suchtgefahr!

Weiterlesen

Viermal im Jahr erscheint das »Rhön-Magazin« und gibt einen Einblick in die schönsten Seiten des Mittelgebirges, erhältlich ist es unter www.rhoen-magazin.info. Die Website www.rhoen.de bietet einen Überblick über die Aktivitäten im Land der offenen Fernen. Infomaterialien gibt es auch in allen Tourist-Informationen.

Ohne Auto

Der Bahnhof Fulda ist ein wichtiger Knotenpunkt und aus ganz Deutschland zu erreichen. Von hier hat man mit Rhönbahn und regionalen Buslinien (Verbünde RMV, LNG Fulda, BEG, LIS Rhön-Grabfeld, Kim., VG WAK) Anschluss in alle drei Länder der Rhön. Interessant sind die Freizeitbuslinien der LK Bad Kissingen und Rhön-Grabfeld, die die bayerische Rhön abdecken. Ergänzt wird das Angebot mit dem Rhönradbus und den Ruf-Wanderbussen. Mehr unter www.rhoen.de/die-rhoen/freizeitbusse1

GUT ZU WISSEN ...

Sicherheit & Notfälle

Kostenfreier Notruf: 112. Rettungspunkte gibt es auf vielen Wanderwegen. Dann Notruf wählen und Kennziffer des Rettungspunktes durchgeben.

Vor Ort im Netz

Im Blog www.thueringen-entdecken.de teilen Besucher ihre Erlebnisse in der Thüringer Rhön. Auf der Website www.rhoentravel.de findet man viele Tipps und Tricks für die Rhön und auf www.fotoportal-rhoen.de faszinierende Bilder und Details.

ESKAPADEN-REGISTER ...

Alle Orte mit Seitenverweisen

Appelsberg 180

Bad Kissingen 27, 79
Basaltsee 151
Bernshäuser Kutte 207
Besucherbergwerk am Bauersberg 69
Bierradweg, Rhön-Grabfeld 203
Bimbel, Burghaun 145
Birx 104
Brendquelle 126
Brennerweg 215
Burg Botenlauben 78
Burgruine Henneburg 176
Burg Schwarzenfels 175

Dermbach 96
Doppelte Eiche 115

Ebersburg 175
Eisgraben 10
Elfershausen 123
Ellenbogen 83, 106
Entdeckerpfad Hohe Rhön 104
Erlebnisweg Rhönpaulus 96
Erlebniswelt Rhönwald 105

Fladungen 18, 133
Fuldaquelle 208

Gangolfsberg 149, 151, 50
Gaudirutsche 84
Gehilfersberg 179
Geisa 23, 141
Gersfeld 137
Guckaisee 116

Hammelburg 120
Hessisches Kegelspiel 178
Himmeldunkberg 124
Hofbieber 42
Hohe Hölle 125
Hohe Rhön 157
Hübelsberg 180
Hünfeld 144

Ibengarten 96

Jakobsweg 195

Kaskadenschlucht 209
Kaskadental 154

Kegelspielradweg 144
Kleinberg 179
Kleinsassen 64
Kloster Kreuzberg 185
Kreuzberg 183, 185

Langendorf 123
Lange Rhön 149, 157
Lichtberg 180
Lichtenburg 114
Loipenzentrum am Roten Moor 158
Lüttergrund 76

Meininger 164
Mellrichstadt 18
Milseburg 62
Milseburgradweg 128
Morsberg 179
Münnerstadt 15

Naturschutzgebiet Kesselrain 35
Neuberg 96
Noahs Segel 84, 106
Nordheim 20
Nordic-Walking-Panorama-Park
     Poppenhausen 74

Oechsenberg 59, 110
Osterburg 175
Ostheimer 113
Ostheim vor der Rhön 20, 211

Paulinenquelle 61
Pfad der Baumgiganten 152
Pfaffenhausen 123
Pferdskopf 116
Point Alpha 140, 197

Rhön-Grabfeld 218
Rhön-Zügle 18
Roßdorfer Kutte 207
Rotes Moor 186, 189
Rothsee 67
Rückersberg 180
Ruine Lichtenburg 177

Schafstein 31
Schloss Bieberstein 129
Schloss Saaleck 93
Schönsee 208, 55
Schwarze Berge 183

Schwarzes Moor 186, 149, 169
Schwedenwall 125
Simmelsberg 124, 138
Soisberg 179
Spielberg 161
Stallberg 180
Sternenpark Rhön 86
Stockheim 20
Stoppelsberg 181
Streutal 18
Sünna 60, 109

Teufelskeller 52
Trimberg 120

Ulsterquelle 37
Unterweid 104
Urnshausen 56

Vacha 59
Viadukt Klausmarbach 145

Wachtküppel 39
Walldorf 176
Wartmannsroth 216
Wasungen 101
Weinerlebniswege, Ramsthal 198
Weinlehrpfad, Hammelburg 92
Wenigentaft 144
Westheim 123
Weyhershauck 114
Wieselsberg 180
Wiesenfeld 142
Wiesenthaler Schweiz 47
Wildpark Klaushof 155

Zintlhof, Leibolz 147

CHRISTINE RÖHLING

MICHELLE TIEF

⟩ ... über die Autorinnen ⟨

Die Liebe hat Christine von der Großstadt in die schöne Rhön geführt. Die Liebe zum Schreiben und zur Natur. Als Chefredakteurin des Rhön-Magazins kennt sie das Gebirge wie kaum ein anderer – und trotzdem entdeckt sie immer wieder neue, faszinierende Seiten der Rhön. Eine Leidenschaft, die ihre Abenteuerlust weckt.

Weggezogen und doch irgendwie geblieben ist Michelle. Der Lebens- und Liebesweg führte sie von Fulda letztendlich in den Spessart. Ihr Herz hat die Rhön aber nie verlassen,

und so frönt sie ihrer Leidenschaft fürs Schreiben gemeinsam mit Christine in der Agentur heldenzeit. Auch sie ist immer wieder von den neuen Seiten des Mittelgebirges begeistert. Vor allem bei Abenteuern wie Kanufahren, Mountainbiken oder Westernreiten ist sie voll in ihrem Element.

Da die zwei sich hauptsächlich aufs Schreiben verstehen, haben sie sich hin und wieder Unterstützung vom Rhönfotografen Alexander Mengel geholt. www.fotoportal-rhoen.de gewährt einen Einblick in seine Arbeiten.

Spaß pur

Eskapade #19: Schnell den Berg hinuntersausen, während der Schnee an den Schlittenkufen hochspritzt. Beim Rodeln auf dem Ellenbogen wieder zum Kind werden. Die Gaudirutsche sorgt für zusätzlichen Spaß.

Glück finden

Eskapade #4: Knopfaugen, die einen treu anblicken, flauschige Wolle, in die man am liebsten die Hände vergraben möchte. Ein Spaziergang mit den friedliebenden Alpakas kann nur glücklich machen – Endorphin-Garantie!

5 BESONDERE EMPFEHLUNGEN ...

Ungezähmte Natur

Eskapade #6: Mächtige Basaltblöcke bestaunen und einen richtigen Urwald durchqueren. Die Strapazen des steilen Aufstiegs und der Wildheit des Schafsteins werden umgehend belohnt: mit einmaligen Fernblicken und innerer Ruhe.

Abtauchen in andere Welten

Eskapade #20: Sich in den Schlafsack kuscheln, in den nachtschwarzen Himmel blicken und in den Kosmos eintauchen. Fast nirgends lassen sich die Sterne so gut beobachten wie im Sternenpark Rhön.

Absolute Stille

Eskapade #8: Ein kühler Wind pfeift, langsam wird es hell, alles schläft noch. Die Natur erwacht und Vögel zwitschern munter drauf los. Absoluter Stille ist man sich auf dem Wachtküppel beim Beobachten des Sonnenaufgangs gewiss.